A FÓRMULA MÁGICA DE JOEL GREENBLATT PARA BATER O MERCADO DE AÇÕES

Tradução
Maria Silvia Mourão Netto

Benvirá

Copyright ©2010 by Joel Greenblatt
Título original: *The Little Book That Still Beats the Market*
Publicado originalmente pela Wiley
Direitos de tradução negociados por Sandra Dijkstra Literary Agency e Sandra Bruna Agencia Literaria, SL
Todos os direitos reservados

Edição Neto Bach
Produção Rosana Peroni Fazolari
Preparação Luiza Del Monaco
Revisão Laila Guilherme
Diagramação Caio Cardoso
Capa Tiago Dela Rosa
Impressão e acabamento Edições Loyola

Dados Internacionais de Catalogação na Publicação (CIP)
Angélica Ilacqua CRB-8/7057

Greenblatt, Joel
  A fórmula mágica de Joel Greenblatt para bater o mercado de ações / Joel Greenblatt ; tradução de Maria Silvia Mourão Netto. – São Paulo : Benvirá, 2020.
  168 p.

  ISBN 978-85-5717-360-6
  Bibliografia

  Título original: *The Little Book That Still Beats the Market*
  1. Investimentos 2. Mercado financeiro 3. Especulação (Finanças) 4. Bolsa de valores I. Título II. Mourão Netto, Maria Silvia

20-1518
CDD 332.642
CDU 336.761

Índice para catálogo sistemático:
1. Mercado financeiro - Investimentos

1ª edição, abril de 2020 | 9ª tiragem, julho de 2023

Nenhuma parte desta publicação poderá ser reproduzida por qualquer meio ou forma sem a prévia autorização da Saraiva Educação. A violação dos direitos autorais é crime estabelecido na Lei n. 9.610/98 e punido pelo artigo 184 do Código Penal.

Todos os direitos reservados à Benvirá, um selo da Saraiva Educação.
Av. Paulista, 901, 4º andar
Bela Vista – São Paulo – SP – CEP: 01311-100

SAC: sac.sets@saraivaeducacao.com.br

CÓDIGO DA OBRA 703165 | CL 670928 | CAE 726756

*Para minha maravilhosa esposa, Julie,
e nossos cinco magníficos derivados.*

Sumário

Agradecimentos 7

Sobre o autor 9

Prefácio 11

Introdução 13

Introdução à edição original 17

Capítulo 1 19
Capítulo 2 25
Capítulo 3 31
Capítulo 4 39
Capítulo 5 49
Capítulo 6 57
Capítulo 7 65

Capítulo 8 73

Capítulo 9 81

Capítulo 10 89

Capítulo 11 99

Capítulo 12 107

Capítulo 13 117

Instruções passo a passo 125

Posfácio 131

Apêndice 149

A fórmula mágica 151

Passeio aleatório 159

Agradecimentos

Sou grato aos muitos amigos, colegas e familiares que colaboraram neste projeto. Em particular, devo um agradecimento especial aos meus parceiros na Gotham Capital: Rob Goldstein e John Petry. Não só eles são os verdadeiros coautores do estudo da *Fórmula Mágica* que aparece neste livro, como ainda é um raro privilégio estar associado a pessoas tão brilhantes, talentosas e generosas. As contribuições que deram a este livro – e ao sucesso da Gotham Capital – foram enormes e mais valiosas do que podem imaginar. Também quero agradecer a Edward Ramsden, da Caburn Capital, por seus comentários, sugestões e trabalho editorial extraordinariamente perspicazes; a Norbert Lou, da Punchcard Capital, em particular por sua inspiração e sugestões para o Capítulo 9; e a Patrick Ede, da Gotham Capital, por sua significativa contribuição ao estudo da Fórmula Mágica, por seus comentários úteis e inteligentes, assim como seu talento editorial. Além desses, um agradecimento ao meu irmão, Richard Greenblatt, da America Capital, que merece uma grande parte do crédito, por ser meu editor em sentido amplo, por suas muitas ótimas ideias e numerosas contribuições a cada capítulo e especialmente por seu incentivo a este projeto e em todo o curso da minha vida.

Também agradeço pela inspiração e pelas muitas contribuições da dra. Sharon Curhan (minha irmã e artista favorita), do dr. Gary Curhan, de Joshua Curhan, Justin Curhan, Linda Greenblatt Gordon, da Saddle Rock Partners, Michael Gordon, Bryan Binder, da Caxton Associates, dra. Susan Binder, Allan e Mickey Greenblatt (meus maravilhosos pais), dr. George e Cecile Teebor (os famosos sogros), Ezra Merkin, da Gabriel Capital, Rod Moskowitz, John Scully, Marc Silbert, David Rabinowitz, da Kirkwood Capital, Larry Balaban, o rabino Label Lam, Eric Rosenfeld, da Crescendo Partners, Robert Kushel (meu corretor na Smith Barney), Dan Nir, da Gracie Capital, Brian Gaines, da Springhouse Capital, Bruce Newberg (que me fez começar), Matthew Newberg, Rich Pzena, da Pzena, Investment Management, Adam Barth, David Pecora e, por fim, Yury Kholondyrev, da Gotham Capital. Um obrigado também especial a David Pugh, meu editor na John Wiley, e a Sandra Dijkstra, minha agente literária, por seu encorajamento, entusiasmo e apoio para este projeto. Obrigado também a Andrew Tobias, por ter sido tão generoso ao escrever o prefácio e por ser tão bom amigo.

Também gostaria de agradecer aos meus dois filhos mais velhos, Matthew e Rebecca Greenblatt, por sua boa vontade como estudantes e leitores (e por rirem da maioria das minhas piadas). Aos meus três filhos mais novos – Melissa, Jonathan e Jordan –, obrigado pela inspiração. E a todas as crianças, obrigado pela alegria que proporcionam todos os dias. Obrigado também à minha linda esposa, Julie, por seus sábios conselhos para este livro e, na minha vida, por seu amor e apoio em cada precioso dia que vivemos juntos.

Joel Greenblatt

Acadêmico americano, gestor de Fundos de Investimentos, investidor e escritor. É formado em Administração pela Wharton School da Universidade da Pensilvânia e professor adjunto da Escola de Negócios da Universidade de Columbia. É fundador da Gotham Funds e da New York Securities Auction Corporation. Autor das obras *You Can Be a stock market genius: uncover the secret hiding places of stock market* e *The big secret for the small investor: a new route to long-term investment success.*

Prefácio

A melhor coisa deste livro – do qual pretendo me servir com liberalidade para a próxima edição de *The Only Investment Guide You'll Ever Need* [O único guia de investimento que você precisará] – é que a maioria das pessoas não vai acreditar nele. Ou, caso acreditem, elas não terão paciência para seguir suas recomendações. E isso é bom, porque, quanto mais pessoas sabem de uma coisa boa, mais essa coisa geralmente encarece e aí... tchauzinho, bom negócio.

Apesar disso, diferentemente da maior parte dos "sistemas" destinados a aproveitar as anomalias do mercado, as ideias simples que Joel Greenblatt apresenta provavelmente conservarão ao menos uma boa parte de sua validade, mesmo que se tornem largamente aplicadas.

Não quero estragar a surpresa; este livro já é breve o suficiente no tamanho atual. Meu papel é simplesmente apresentar o autor para que você tenha uma noção de quanto pode acreditar nele.

Conheço Joel há várias décadas. Ele é realmente inteligente, realmente modesto, realmente bem-intencionado – aqui entra um elemento incomum – e realmente bem-sucedido (não estou brincando, *realmente* bem-sucedido).

Explicando melhor, o sucesso de Joel é resultado da astúcia de seus investimentos (não da venda de livros).

Além disso, ele é engraçado. Li os primeiros dois capítulos deste livro para Timmy, meu sobrinho de 11 anos, e nós dois gostamos muito. Timmy, que não tem fundos para investir, até onde eu sei, acabou dormindo e eu continuei lendo sem parar até o fim, mentalmente refazendo meu plano de aposentadoria.

E tem mais uma coisa que quero dizer: no começo, havia os fundos mútuos, e isso era bom; no entanto, as comissões de venda e as despesas eram altas demais. Então vieram os fundos sem taxas, o que era melhor, pois eliminavam a comissão de venda, mas ainda eram onerados pelas taxas de administração e pelos impostos e encargos de transação que vêm da gestão ativa. Depois surgiram os "fundos indexados", que eliminaram radicalmente comissões, impostos e custos de transação. E, então, a coisa melhorou muito.

O que Joel faz você levar em conta é, na realidade, um fundo indexado *plus* em que o "plus" representa você incluir na *sua* carteira de ações somente bons negócios que estão vendendo em baixa valorização. E ele mostra um modo fácil de encontrá-los.

Por definição, claro, ninguém consegue bater as médias, mas meu palpite é que as pessoas pacientes que seguem os conselhos de Joel irão batê-las com o tempo. E, se milhões de pessoas passarem a adotar essa estratégia (Vanguard, por favor, não perca tempo e ofereça um preço de baixo custo como esse), duas coisas vão acontecer. Primeiro, as vantagens de investir dessa maneira vão diminuir, mas não desaparecer. Segundo, as valorizações da bolsa de valores vão se tornar ligeiramente mais racionais, tornando nosso processo de alocação de capital ligeiramente mais eficiente.

Nada mau para um livrinho tão magrela.

Então, reative aquela criança de 11 anos que você já foi e mergulhe de cabeça!

Andrew Tobias,
autor de *The Only Investment Guide You'll Ever Need*

Introdução

Quando escrevi a primeira versão deste livro, em 2005, embora eu tivesse curtido muito escrevê-lo, não estava esperando muito dele. Meu primeiro livro, escrito nos anos 1990,[1] alcançou um sucesso modesto, e com isso quero dizer que vendeu pouquíssimo. Um único editor (obrigado, David Pugh, da Wiley) se mostrou disposto a publicar minha tentativa seguinte, que acaba de chegar atualizada a suas mãos como *A Fórmula Mágica de Joel Greenblatt para bater o mercado de ações*.[2] Tendo recebido um adiantamento microscópico (caramba, Pugh!) e depois de computar a comissão da agente literária, os impostos e os encargos habituais de envio e entrega, eu não tinha grandes expectativas para o projeto. Mas, para minha grata surpresa, o livro acabou vendendo 300 mil exemplares no mundo todo e até aqui foi traduzido para 16 idiomas (dos quais, infelizmente, não compreendo 15!).

Quando me propus a escrevê-lo, tinha um objetivo bem claro. O mundo das finanças, especialmente a bolsa de valores, intimida muita gente. No entanto, as decisões de investimento evidentemente desempenham um papel de peso na definição da segurança

---

1 GREENBLATT, Joel. *You can be a stock market genius*: uncover the secret hiding places of stock market profits. New York: Fireside Book, 1997.
2 Título original: *The Little Book That Beats the Market*.

financeira futura, nas opções para a aposentadoria e na capacidade de prover o necessário para seus entes queridos. Como o mercado de ações é um componente de muita importância no portfólio de investimento da maioria das pessoas, eu quis escrever um guia breve e acessível que não apenas explicasse as coisas em termos que até meus filhos pudessem entender, mas que também pudesse colaborar na jornada de muitos investidores.

Contudo, pouco tempo depois de ter concluído *A Fórmula Mágica...*, tive uma espécie de ataque de pânico. E se algum investidor de fato seguisse meu conselho? E se acreditasse e compreendesse a lógica da "fórmula mágica" apresentada no livro, mas depois não calculasse a fórmula corretamente ou usasse fontes de dados não fidedignas que a internet fornece sem custo? Tive visões de um pai de família ou uma avó, pessoas que de fato eu estava tentando ajudar, de repente perdendo uma parte de suas economias – obtidas com tanto esforço – por não se valerem dos recursos adequados para colocar em prática a estratégia sugerida por mim. Diante disso, rapidamente montamos o *magicformulainvesting.com*[3] para servir de recurso gratuito aos leitores do livro que tivessem feito os cálculos corretamente e usado uma fonte altamente credível para tratar os dados. Esse recurso é gratuito e, sinceramente, eu espero que, junto com a leitura e o entendimento do livro, continue ajudando a todos os meus leitores. No mínimo, ter o site ativo significa uma coisa a menos com que me preocupar.

Investir é difícil. E é por isso que uma estratégia disciplinada e metódica para investimentos em longo prazo é um aspecto essencial para que você possa seguir adiante e alcançar sucesso no ambiente de praticamente qualquer mercado. Contudo, não

---

[3] Este site só está disponível na versão em inglês. Ao final do livro, nas Instruções passo a passo, indicamos outras possibilidades para alcançar o mesmo resultado do *magicformulainvesting.com*.

basta que essa estratégia faça sentido; *ela deve fazer sentido para você*. Compreendê-la em profundidade é a única maneira de preservar uma estratégia de longo prazo que pode não servir para períodos de tempo mais curtos.

Tendo esse objetivo em mente, acrescentei um posfácio que aborda eventos, resultados e lições aprendidas desde a publicação da edição original, em 2005. Espero que esse acréscimo ajude. Boa sorte!

Introdução à edição original

Originalmente, este livro foi inspirado pelo meu desejo de dar um presente a cada um dos meus cinco filhos. Pensei que, se eu pudesse ensiná-los a ganhar dinheiro, então eu estaria oferecendo a eles um ótimo presente que, de fato, continuaria rendendo sempre. Também pensei que, se eu fosse capaz de explicar como ganhar dinheiro usando uma linguagem que até meus filhos conseguissem entender (pelo menos os que já estavam na sexta e na sétima série), então eu seria capaz de ensinar a qualquer pessoa como ser um investidor bem-sucedido no mercado de ações.

Embora os conceitos abordados neste livro possam parecer simples – talvez até simples demais para investidores sofisticados –, cada passo do caminho está ali por uma razão. Se você permanecer fiel ao plano, garanto que o retorno dos investimentos – sendo você iniciante ou experiente – será enorme.

Após mais de 30 anos investindo profissionalmente e depois de 14 anos lecionando numa faculdade de administração de negócios membro da Ivy League, estou convencido de pelo menos duas coisas:

1. Se você realmente quer "bater o mercado", a maioria dos profissionais e dos acadêmicos não pode ajudar;

2. Com isso, resta apenas uma alternativa real: *você mesmo é quem tem de fazer isso.*

Felizmente, isso pode não ser assim tão ruim. Por mais que pareça improvável, você *pode* aprender a bater o mercado. Por meio de um processo simples, seguindo um passo a passo, este livro pode ensinar você a fazer isso. Para ajudá-lo nessa jornada, incluí uma *fórmula mágica*. Trata-se de uma fórmula simples, mas que faz muito sentido. Com ela, você pode bater o mercado, os profissionais e os acadêmicos com uma larga vantagem e correndo um baixo risco. Essa fórmula vem funcionando há muitos anos e continuará funcionando mesmo depois que todo mundo souber aplicá-la. Embora seja fácil de usar e não demande muito tempo de dedicação, ela só vai funcionar caso *você* se esforce para entender completamente *por que* ela funciona.

Nessa caminhada você vai aprender:

- como enxergar o mercado de ações;
- porque o sucesso se esquiva de quase todas as pessoas e investidores profissionais;
- como encontrar *boas* empresas a preços *irrisórios*;
- como bater o mercado sozinho.

Incluí ainda um Apêndice para o leitor com um nível mais elevado de conhecimentos financeiros, mas é importante esclarecer que você não precisa ler ou compreender o apêndice para ser capaz de entender e aplicar os métodos que compõem este livro. A verdade é que você não precisa ter um MBA para bater o mercado. Saber muitas fórmulas sofisticadas ou conhecer termos financeiros não é o que faz a diferença, mas entender os conceitos simples deste livro, *sim*.

Portanto, desfrute deste presente. Faça um pequeno investimento de tempo (e pouquinho de dinheiro) para enriquecer seu futuro em grande medida. Boa sorte!

Capítulo 1

Jason está na sexta série e já está acumulando uma fortuna. Meu filho e eu o vemos todos os dias a caminho da escola. Lá está Jason, bem acomodado no banco de trás de sua limusine, conduzida por um motorista, vestido com roupas incríveis e usando seus óculos escuros. Ah, nada como ter 11 anos, ser rico e descolado. Isso é que é vida. Bem, acho que estou exagerando um pouco. Quer dizer, não é uma limusine de verdade; é uma espécie de vespa. E a parte das roupas estilosas e dos óculos escuros, bom, isso também não é verdade. O mais provável é que esteja usando calça jeans, não esteja de óculos escuros e que o café da manhã que tomou ainda mostre sinais pelo rosto. Bem, mas nada disso interessa. O ponto é que Jason tem um negócio.

É um negócio simples, mas que funciona. Jason compra goma de mascar, quatro ou cinco maços por dia. São 25 centavos por um pacotinho com cinco unidades. Segundo meu filho, quando está na escola, Jason se transforma numa espécie de super-herói. Nem chuva, nem granizo, nem monitores de corredor malvados conseguem impedir Jason de vender suas guloseimas. Acho que seus clientes gostam de comprar de um super-herói (ou talvez apenas não tenham outra saída), mas, independentemente disso, o que acontece é que Jason vende cada unidade por 25 centavos. (Ao que tudo indica, ele meio que enfia um maço aberto de gomas de mascar na cara dos colegas e fica repetindo "Você quer chiclete, você sabe que quer!", até que o comprador ou desmaia ou acha uma moeda e a entrega a Jason.)

Pelo cálculo que o meu filho fez, são cinco unidades por 25 centavos cada, então Jason ganha 1,25 dólar por maço vendido. Como ele compra cada pacote por 25 centavos, isso quer dizer que está ganhando um dólar de lucro líquido a cada maço que ele vende. Se negociar quatro ou cinco pacotes por dia, bem, já podemos dizer que Jason faz bastante dinheiro! Meu filho – vamos chamá-lo de Ben (embora seu nome de verdade seja Matt) – começou a pensar sobre os números do negócio de Jason usando todo o seu poder de raciocínio.

– Vamos ver – ele disse. – Digamos que são 4 dólares por dia, cinco dias por semana. Então, com 20 dólares por semana e 36 semanas de aula, Jason terá 720 dólares por ano. Considerando que ainda faltam seis anos para ele se formar, terá um pouco mais de 4 mil dólares quando terminar o colegial!

Como não queria perder uma oportunidade de ensinar alguma coisa, perguntei a ele:

– Ben, se o Jason te oferecesse metade do negócio, quanto você pagaria por ele? Em outras palavras, ele vai repartir com você metade dos lucros que obtém com a venda de chicletes durante seis anos, até ele se formar, mas ele quer que você dê dinheiro agora. Quanto você daria?

– Bom... – Eu podia ver o cérebro de Ben em movimento, agora que estávamos realmente colocando algum dinheiro em cena – talvez Jason não venda quatro ou cinco maços por dia, mas três com certeza vende. Portanto, é mais garantido dizer que ele ganha 3 dólares por dia. Com isso, em 36 semanas de aula, é 36 × 15 (aqui eu ajudei um pouco), ou seja, mais de 500 dólares por ano. Jason tem mais seis anos de escola pela frente, então 6 × 500 dá 3 mil. Ele estará com 3 mil dólares quando se formar!

– Ok – eu disse. – Então eu diria que você vai pagar 1.500 dólares ao Jason pela metade dos lucros, certo?

– Claro que não – Ben respondeu rapidamente. – Primeiro, por que eu pagaria 1.500 dólares para receber a mesma quantia de volta? Não faz sentido. Além disso, eu levaria seis anos para que Jason me devolvesse os mesmos 1.500 dólares. Pode até ser que Jason ganhe mais do que eu calculei e eu receba mais de 1.500 dólares, mas também pode ser que se saia pior do que o previsto!

– Tem razão – concordei –, e talvez outros alunos comecem a vender chiclete na escola e Jason tenha concorrentes e não consiga mais vender tanto.

– Isso não – Ben disse. – Jason é praticamente um super-herói. Não acho que outro aluno consiga vender tão bem quanto Jason, então não estou preocupado com isso.

– Compreendo o que você quer dizer – respondi. – Jason tem um bom negócio, mas 1.500 dólares de investimento é demais pela metade dos lucros. E se ele te oferecesse essa metade por 1 dólar? Você compraria, então?

– Claro! – Ben disparou com um tom de voz que dizia "pai, você é um bobão!".

– Então, tá – eu disse, ignorando aquele tom de voz por um momento. – O preço certo está entre 1 dólar e 1.500 dólares. Agora, estamos chegando perto, mas quanto você pagaria?

– Quatrocentos e cinquenta dólares. É isso que eu pagaria hoje. Se eu recebesse 1.500 no final de seis anos, acho que esse seria um bom negócio – Ben disse, evidentemente satisfeito com sua decisão.

– Ótimo! – eu respondi. – Agora, você finalmente entendeu o que eu faço para ganhar dinheiro.

– Pai, mas do que você está falando? Nunca vi você vender um chiclete!

– Então, Ben, eu não vendo chiclete. Eu passo o meu tempo pesando quanto valem alguns negócios, do mesmo jeito que fizemos com o negócio do Jason. Se eu posso comprar um negócio por muito menos do que acho que ele vale, então eu compro!

– Espera aí! – Ben me interrompeu. – Isso me parece fácil demais. Se um negócio vale 1.000 dólares, por que alguém iria vender por 500 dólares?

Bom, o que aconteceu foi que a pergunta aparentemente óbvia e razoável de Ben foi, de fato, a questão mágica que deu início a este projeto. Eu disse ao Ben que ele tinha acabado de fazer uma ótima pergunta e que, acreditando nisso ou não, existe um lugar em que negócios são vendidos pela metade do preço o tempo todo. Também disse que podia ensinar onde ele seria capaz de buscar e comprar sozinho esses bons negócios.

Além disso, claro, eu ainda acrescentei que havia um truque. O truque não é que a resposta é incrivelmente complicada, porque não é. O truque também não é você precisar ser alguma espécie de gênio ou superespião para achar papéis que valem 1.000 dólares à venda por 500. Não é o caso. Na realidade, resolvi escrever este livro para que Ben e seus irmãos não só pudessem entender o meu trabalho como também aprendessem a começar a achar, por si mesmos, esses investimentos promissores a custo irrisório. Pensei que, em qualquer carreira que resolvessem seguir no futuro (mesmo que não seja gestão financeira, uma opção que não necessariamente estimulo), sem dúvida precisariam aprender como investir uma parte de seus lucros.

Entretanto, como eu disse ao Ben, existe um truque: você tem de ouvir uma longa história, tem de dedicar tempo para entender essa história e, o mais importante, você realmente tem que *acreditar* que essa história é verdadeira. Inclusive, a história termina com uma fórmula mágica que, com o tempo, pode torná-lo rico. Não estou brincando. Infelizmente, se você não acreditar que a fórmula mágica o tornará rico, isso simplesmente não acontecerá. Por outro lado, se acreditar na história que vou contar para você – acreditar mesmo, de verdade –, então você pode resolver ganhar dinheiro com ou sem a fórmula. (A fórmula fará com que você gaste tempo e esforço significativamente menores do que se você mesmo decidir fazer todo o "trabalho", mas você pode fazer a escolha de que caminho seguir quando terminar o livro.)

Ok, eu sei o que você está pensando. Que história é essa de *acreditar*? Estamos falando de alguma nova religião, algum universo fantástico como o de Peter Pan ou Mágico de Oz? E quanto a ficar *rico*? Um livro pode mesmo ensinar uma pessoa a ficar rica? Isso não faz sentido. Se fosse possível, todo mundo seria rico. Ainda mais quando se trata de um livro que afirma ter uma fórmula mágica. Se todo mundo conhece essa fórmula mágica, mas sabemos que todos não podem ser ricos, então em pouco tempo essa fórmula terá deixado de dar resultados.

Bem, eu disse que esta é uma longa história. Então, vou começar do princípio. Para os meus filhos e a maioria dos leitores, quase tudo que vem a seguir é uma novidade. No caso dos adultos, mesmo que achem que já sabem muito sobre investimento, mesmo que sejam formados em Administração, mesmo que sejam gestores profissionais do dinheiro de outras pessoas, posso garantir que a maioria aprendeu errado. E isso desde o início. Bem poucas pessoas realmente acreditam na história que vou contar. E digo isso porque, se acreditassem, haveria muitos mais investidores de sucesso. E não há. Mas eu realmente acredito que posso ensinar você (e cada um dos meus filhos) a ser um investidor de sucesso. Então, vamos começar.

Capítulo 2

Na verdade, só começar já é muita coisa. É preciso muita disciplina para poupar qualquer quantia de dinheiro. Afinal de contas, independentemente do montante que você ganhar ou receber dos outros, é simplesmente muito mais fácil e imediatamente gratificante encontrar algo com que vale a pena gastar. Quando jovem, decidi que todo o meu dinheiro deveria ir para Johnson Smith. Claro que eu adoraria dizer que Johnson Smith era um órfão que precisava de alguma ajuda. Adoraria dizer que o dinheiro dado a Johnson Smith ajudou a mudar sua vida. Seria ótimo poder dizer, mas não seria completamente verdade. O fato é que Johnson Smith era uma empresa, e não uma empresa qualquer, mas uma companhia que vendia e entregava pelo correio itens como almofada que solta som de pum, pó de mico e imitação de vômito de cachorro.

Explicando melhor, eu não jogava completamente fora todo o meu dinheiro. Às vezes também comprava alguns artigos educativos. Uma vez, o pessoal da Johnson Smith conseguiu me vender um balão meteorológico com três metros de altura por nove metros de diâmetro. Não sei muito bem dizer o que aquele balão gigante tinha a ver com o clima, mas, de todo modo, parecia algo pedagógico. No fim das contas, depois que meu irmão e eu finalmente descobrimos como encher o balão de ar invertendo o fluxo de ar do aspirador de pó, deparamo-nos com um grande problema. O balão de nove metros de diâmetro era muito maior do que a nossa porta de entrada. Usando uma fórmula complicada que nem Einstein conseguiria entender plenamente, concluímos que se nos apoiássemos no balão e o empurrássemos com toda a força, conseguiríamos passá-lo para o lado de fora sem estourá-lo nem estragar a porta. Para colaborar, nossa mãe ainda não tinha chegado em casa, o território estava livre.

Deu certo, mas nós não pensamos em um detalhe. Ao que tudo indica, o ar fora de casa estava mais frio do que o de dentro. O balão, então, tinha sido enchido com ar mais quente. E como todo mundo sabe que o ar quente sobe, exceto, aparentemente, eu e meu irmão, o balão começou a flutuar e se afastar. Nós dois saímos correndo atrás dele rua abaixo por quase um quilômetro, até que finalmente ficou enganchado numa árvore.

Felizmente, aprendi algo valioso com essa experiência. Embora eu não lembre exatamente que lição foi essa, estou seguro de que teve algo a ver com a importância de ganhar dinheiro para aquelas coisas que você pode precisar ou querer no futuro, em vez de desperdiçar comprando balões meteorológicos gigantes que saem flutuando pela rua fazendo você correr feito um tonto atrás deles.

Tendo em vista nosso propósito aqui, no entanto, vamos supor que todos concordamos que é importante poupar dinheiro para o futuro. Vamos supor também que você conseguiu resistir às muitas tentações oferecidas pelo pessoal da Johnson Smith e de milhares de outras empresas querendo o seu dinheiro; que você (ou seus pais) foi capaz de prover todas as necessidades básicas da sua vida, incluindo comida, roupas e um teto; e que, sendo cuidadoso com quanto gasta, você de algum modo conseguiu reservar pelo menos uma pequena quantia de dinheiro. Seu desafio é alocar essa quantia de dinheiro – digamos, 1.000 dólares – de um jeito que ela possa crescer e se transformar em cada vez mais dinheiro.

Parece muito simples. Claro que você pode apenas guardar embaixo do colchão ou dentro do cofre de porquinho. No entanto, quando voltar para pegar, mesmo que seja anos e anos mais tarde, você continuará tendo os mesmos 1.000 dólares que deixou ali. Essa quantia não terá aumentado absolutamente nada. Refletindo um pouco, se o preço das coisas que você iria comprar com esse dinheiro subir durante o tempo em que ele ficou parado (então, seus 1.000 dólares vão comprar menos coisas do que antes), seu dinheiro, na realidade, valerá menos do que no dia em que você o deixou guardado. Em outras palavras, a opção do colchão é uma porcaria.

O plano B tem de ser melhor. E é. Basta levar os 1.000 dólares ao banco. Não só o banco concordará em guardar seu dinheiro, como *pagará* por esse privilégio. Todo ano você receberá *juros* pagos pelo banco e, na maioria dos casos, quanto mais tempo você aceitar que eles guardem seu dinheiro, maior será a taxa de juros aplicada. Se você concordar em deixar seus mil dólares no banco por cinco anos, pode receber em torno de 5% de pagamento de juros ao ano. Assim, no primeiro ano você ganha 50 dólares de juros sobre seu depósito original de 1.000 dólares. Sendo assim, você tem 1.050 dólares no banco no início do segundo ano. No segundo ano, você recebe mais 5% de juros sobre o novo total de 1.050 dólares, ou seja, 52,50 dólares, e assim sucessivamente, até o quinto ano. Ao final de cinco anos, seus 1.000 dólares se tornaram 1.276 dólares. Nada mau, e certamente bem melhor do que a opção do colchão.

Agora, vejamos o plano C, estimulado pela pergunta: "Quem precisa de banco?". Há um modo fácil de ignorar totalmente os bancos: basta você, em vez de guardar, emprestar o seu dinheiro a empresas ou a um grupo de indivíduos. Em geral, as empresas tomam dinheiro emprestado diretamente, vendendo *títulos da dívida*. A padaria da esquina em geral não vende esse tipo de título, mas empresas maiores (multimilionárias), como o McDonald's, fazem isso o tempo todo. Se, por exemplo, você comprar um título de 1.000 dólares de uma empresa grande, ela pode concordar em lhe pagar 8% ao ano e lhe retornar o capital investido após dez anos. Essa operação, obviamente, bate os míseros 5% que o banco está pronto para pagar.

Parece perfeito, mas tem um probleminha: se você comprar um título de uma empresa e eventualmente acontecer algum problema com ela, você talvez nunca receba seu dinheiro de volta, muito menos os juros. É por isso que empresas de risco mais elevado – digamos, a Bob's House ou a Flapjacks e Pickles – costumam pagar juros mais altos do que as companhias mais sólidas e estabelecidas. E é por isso que os títulos da dívida de uma empresa pagam mais do que o banco. As pessoas precisam ganhar mais com seus títulos para compensar o risco de talvez não receberem a taxa de juros prometida ou nem mesmo o dinheiro investido.

Há ainda outra opção. Se você não se sente confortável correndo qualquer nível de risco de perder seus mil dólares, o governo dos Estados Unidos também vende títulos da dívida pública, assim como acontece em outros países.[1] Embora não exista nada completamente isento de risco neste mundo, emprestar dinheiro para o governo americano é o mais perto que se pode chegar de algo assim. Se você estiver disposto a emprestar seu dinheiro ao governo do seu país por um período de dez anos, é possível que ele concorde em lhe pagar em torno de 6% ao ano (se o empréstimo for por menos tempo – cinco anos, por exemplo –, geralmente a taxa de juros será menor, talvez 4% ou 5%).[2]

Para o nosso propósito, o título da dívida que mais analisaremos é o do governo americano que amadurece (restitui o empréstimo original) depois de dez anos. E vamos estudar esse título porque dez anos é um período longo. O objetivo é conseguirmos comparar quanto podemos ganhar com uma aposta garantida, como é o caso do governo dos Estados Unidos, com outras opções de investimento de longo prazo. Portanto, se a taxa de juros anual do título da dívida de dez anos do governo é 6%, isso significa

---

[1] O Brasil também vende títulos da dívida pública por meio do Tesouro Direto.

[2] Aqui estamos dando um exemplo de taxas de juros aplicadas nos Estados Unidos. Cada país adota taxas de juros diferentes. Consulte as taxas antes de simular se vale a pena ou não investir.

essencialmente que as pessoas dispostas a emprestar dinheiro por dez anos, mas não a correr algum risco de perder seu investimento original ou deixar de receber a taxa de juros prometida, ainda podem esperar receber um acréscimo de 6% ao ano sobre seu investimento. Em outras palavras, para quem está disposto a deixar seu dinheiro preso por até dez anos, a taxa de juros "sem riscos" é de 6% ao ano.

É importante entendermos bem o que isso significa. Se alguém lhe pede um empréstimo ou que você invista no longo prazo em suas operações, é melhor que espere lhe pagar mais de 6% ao ano. Por quê? Porque você já sabe que pode receber 6% ao ano sem correr *nenhum* risco. Para tanto, você só precisa emprestar dinheiro para o governo dos Estados Unidos, que lhe garante 6% de juros ao ano, todos os anos, mais seu investimento original, depois de dez anos. Se Jason, por exemplo, quiser dinheiro por uma parte de seu negócio de venda de chicletes, é melhor que esse investimento renda para você mais de 6% ao ano, ou então você não deve fazer esse negócio de jeito nenhum! Se Jason quiser tomar um empréstimo de longo prazo, é o mesmo raciocínio. É melhor que ele espere pagar muito mais de 6%. Afinal, você consegue 6% sem riscos emprestando ao governo americano!

Basicamente, é isso. Só mais umas coisinhas para você ter em mente após a leitura deste capítulo:

1. Você pode guardar seu dinheiro debaixo do colchão. (Mas essa opção é definitivamente péssima.)
2. Você pode pôr o dinheiro no banco ou comprar títulos da dívida do governo americano, tendo a garantia de uma taxa de juros e de receber seu dinheiro de volta, sem risco.[3]

---

3 Os depósitos bancários no valor de até 100 mil dólares são garantidos por uma agência do governo dos Estados Unidos. Você deve manter esse depósito bancário ou seu título até que amadureça (possivelmente em cinco ou dez anos, dependendo do que você comprar) para garantir que não sofra nenhuma perda de seu investimento original.

3. Você pode comprar títulos vendidos por empresas ou outros grupos. Terá a promessa de taxas de juros mais altas do que as que receberia se pusesse o dinheiro no banco ou se comprasse títulos da dívida do governo, *mas* você pode perder uma parte do dinheiro ou todo ele, então é melhor que seja pago o suficiente para correr esse risco.

4. Você ainda pode fazer outra coisa com seu dinheiro. (Falaremos sobre isso no próximo capítulo.)

E quase me esqueci:

5. Ar quente sobe.

É... de fato aprendi alguma coisa com aquele balão. Obrigado, Johnson Smith.

> Vou tornar sua vida ainda mais simples. Enquanto estou escrevendo isto, a taxa do título de dez anos da dívida do governo americano está substancialmente menor do que 6%. No entanto, sempre que o título de longo prazo da dívida do governo está pagando menos do que 6%, ainda vamos supor que a taxa é de 6%. Em outras palavras, nossas outras opções de investimento terão de ainda assim bater no mínimo 6%, sejam quais forem as taxas de juros do título da dívida de longo prazo do governo dos Estados Unidos. O contexto é que queremos ter certeza de ganhar muito mais com nossos outros investimentos do que poderíamos ganhar sem correr nenhum risco. Evidentemente, se as taxas de juros dos títulos da dívida de longo prazo do governo americano sobem a 7% ou mais, usaríamos 7% ou o máximo índice atingido. Agora o capítulo realmente acabou.

Capítulo 3

Muito bem. E o que mais você pode fazer com o seu dinheiro? Sejamos sinceros: deixar o dinheiro no banco ou emprestar para o governo é de fato monótono. Ei, *eu* sei o que você está pensando! Por que simplesmente não ir ao Jóquei Clube e apostar tudo nos cavalos? Então, eu mesmo já fiz isso e... não deu muito certo. Já tentei até mesmo as corridas de cães, pode acreditar. Nessas pistas, um bando de galgos corre num círculo atrás de um coelho mecânico usado como isca. É divertido de assistir, mas você sabe como é. Talvez essa também não seja uma boa ideia. Acabei percebendo que isso não era para mim depois que o *meu* cachorro realmente apanhou o coelho.

Na primeira corrida, meu cãozinho foi atropelado pelos outros, mas depois ficou em pé e começou a correr do lado errado. Infelizmente, o coelho mecânico dispara pela pista a mais de 90 km/h e, quando meu cachorro, aquele em que tinha depositado minha fé e meu dinheiro, deu um salto no ar para abocanhar o coelho que vinha velozmente na sua direção... bom, digamos que não foi muito bonito de ver (certo, certo, como você provavelmente está preocupado, o que aconteceu foi que o meu cachorro bateu de frente com um coelho a mais de 90 km/h, voou uns dez metros no ar e foi tragicamente desclassificado, o que, infelizmente, significou que eu acabava de perder todo o meu dinheiro).[1]

---

1 O cachorro passa bem.

Enfim, agora que exploramos a maioria das alternativas lógicas para aplicar o seu dinheiro (embora eu tenha certeza de que há corridas de minhocas e de vários crustáceos em lugares que ainda não descobri), vejamos ainda mais uma. Que tal investir em uma empresa? Afinal de contas, Jason pode crescer um dia. Talvez abra sua própria loja de gomas de mascar. Melhor ainda, talvez abra várias delas (em o que chamamos de "cadeia" de lojas), com o sugestivo nome de Rede de Lojas de Gomas de Mascar do Jason.

Vamos supor que Jason treine pessoalmente todos os vendedores em sua marca exclusiva de goma de mascar e que a cadeia alcance um sucesso descomunal (se isso fosse possível). Nesse momento, Jason te procura para vender metade da empresa que construiu (afinal de contas, ele quer comprar um novo par de óculos escuros, uma limusine de verdade e talvez uma casa para ele e a felizarda sra. Jason). Só que, como o cenário mudou, agora ele quer bastante dinheiro e nós vamos ter de fazer alguns cálculos bem sérios antes de decidir se vamos ou não aceitar a oferta de Jason.

Verificamos que Jason cresceu bastante desde os dias em que andava de vespinha de um lado para o outro, e agora ele quer a fortuna de 6 milhões de dólares pela metade de sua empresa. Claro que 6 milhões de dólares é mais do que a maioria pode pagar, mas, felizmente, Jason não está tentando vender metade de sua empresa para uma única pessoa. Na realidade, Jason decidiu dividir a posse de sua empresa em um milhão de pedaços iguais, ou *ações* (como se diz em Wall Street). O plano de Jason é reservar 500 mil ações para si mesmo e vender as outras 500 mil por 12 dólares cada, somando 6 milhões de dólares no total. Quem tiver interesse em comprar uma parte do negócio de Jason por esse preço pode comprar uma ação (por 12 dólares), cem (por 1.200 dólares) ou mil (por 12 mil), ou basicamente qualquer número de ações que quiser.

Se você, por exemplo, comprar 10 mil ações ao custo de 120 mil dólares, você possuirá 1% da Rede de Lojas de Gomas de Mascar do Jason (10 mil ações divididas pelo total de um milhão de ações). Esse 1% não quer dizer que você é dono do departamento de gomas sabor hortelã ou de uma parte de uma das lojas. Suas 10 mil ações, ou a posse de 1% da Rede de Lojas de Gomas de Mascar do Jason, significam que você tem direito a 1% dos lucros futuros da empresa com um todo. Bom, naturalmente, tudo que você precisa é calcular se pagar 120 mil dólares por 1% dos lucros futuros de Jason com chicletes é um bom negócio. (É neste ponto que nossa análise fica um pouco sem graça; temos de ser bons detetives para não fazer bobagem e perder dinheiro. Acho que você já entendeu.)

Felizmente, Jason nos forneceu muitas informações. Como já sabemos que ele quer 12 dólares por ação de sua empresa e que existe um milhão de ações no total (ou seja, um milhão de *ações em circulação*), isso quer dizer que Jason acha que sua empresa vale 12 milhões (e, portanto, que 1% de sua empresa vale os 120 mil dólares que acabamos de citar). Bom, até aí tudo bem, mas o que importa agora é o que *nós* achamos que ela vale. Então, vamos dar uma espiada nas outras informações que Jason nos deu.

Parece que no ano passado Jason vendeu um total de 10 milhões de dólares em goma de mascar nas dez lojas de sua rede altamente bem-sucedida. Claro que 10 milhões de dólares equivalem a quanto a cadeia vendeu, mas, infelizmente, esses 10 milhões não representam o lucro que ela teve. Evidentemente, as lojas de Jason tiveram despesas também. A princípio, é claro que houve o custo do produto que Jason vendeu, que totalizou 6 milhões de dólares. Sendo assim, ele ficou com um lucro de 4 milhões. Mas, espere um minuto, nossos cálculos ainda não terminaram. Também temos de considerar o aluguel que Jason teve de pagar pelas dez lojas; e precisamos ainda contabilizar aqueles funcionários irritantes que, por algum motivo, esperavam ser pagos por vender as gomas de mascar e manter a loja limpa e funcionando direitinho. Temos as contas de luz e aquecimento, de remoção de lixo e do serviço do contador e todos os outros custos administrativos (para que Jason pudesse acompanhar todo o volume do produto e todo o dinheiro em circulação através da rede). Tudo isso somado não é pouca coisa. Neste caso, foram mais 2 milhões de dólares em despesas, para ser exato. Com isso, o lucro da empresa de Jason desceu para 2 milhões. E, como você já desconfia, ainda não acabou.

A empresa de Jason, como todas as outras, teve de pagar impostos. O governo precisa de dinheiro para fornecer serviços aos cidadãos, e os negócios que dão lucro devem pagar sua parte dos impostos para garantir que o governo funcione. No caso da Rede de Lojas de Gomas de Mascar do Jason, o imposto equivale a 40% da renda (um índice relativamente padrão para muitas empresas). Assim, 40% sobre os 2 milhões de lucro gerado pela empresa de Jason no ano passado tiveram de ir para o governo na forma de imposto. Isso representa 800 mil dólares, o que deixou a companhia com um *lucro líquido* de 1,2 milhão de dólares.

Na realidade, Jason nos forneceu todas essas informações sobre seu faturamento do ano passado numa tabela muito organizada, conhecida como *demonstração de lucros e perdas* (ver Tabela 3.1).

Tabela 3.1 Demonstração de lucros e perdas da Rede de Lojas de Gomas de Mascar do Jason

Últimos 12 meses	Em dólares
Total de vendas	10 milhões
Custo do produto vendido (goma)	- 6 milhões
Renda bruta	4 milhões
Despesas gerais e administrativas	- 2 milhões
Rendimento antes de impostos	2 milhões
Impostos (40%)	- 800 mil
Renda líquida	1,2 milhão

Então é isso. A empresa de Jason lucrou 1,2 milhão de dólares no ano passado. E Jason acha que isso faz seu negócio valer 12 milhões de dólares no total. Ele está disposto a vender uma parte de sua empresa, de qualquer tamanho até a metade do negócio como um todo, com base na valorização de 12 milhões de dólares (ou seja, 6 milhões pela metade; 1,2 milhão por uma participação de 10%; 120 mil pela posse de 1%; cada ação equivalendo a um milionésimo do negócio, por meros 12 dólares). Devemos seguir adiante? Em nome da simplicidade do raciocínio, vejamos o que vamos receber por uma ação de 12 dólares.

Bom, Jason dividiu sua empresa em um milhão de ações iguais. Isso quer dizer que, se o negócio todo lucrou 1,2 milhão de dólares, cada ação lucrou um milionésimo desse montante. Como 1,2 milhão dividido por um milhão é igual a 1,20 dólar, cada ação de 12 dólares fez jus a um lucro de 1,20 dólar. Então, será que esse é um bom negócio? Vamos pensar melhor. Se investirmos 12 dólares por uma parte do negócio de Jason e isso nos render 1,20 dólar no primeiro ano, o lucro do nosso investimento nesse período seria:

$$1,20 / 12 \text{ ou } 10\%$$

Um lucro de 10% no primeiro ano! Puxa, muito bom! No Capítulo 2, nós vimos que, no mínimo, teríamos de bater os 6% de lucro anual do título da dívida de dez anos pago pelo governo dos Estados Unidos porque comprar esse título nos renderia 6% sem correr *nenhum* risco. Como ganhar 10% certamente é mais do que ganhar 6%, *ipso facto*, então podemos concluir que é bom negócio pagar 12 dólares por uma ação que rende 1,20 dólar?

Bom, infelizmente a vida não é assim tão simples (mas, como veremos no último capítulo, as coisas funcionam quase assim). É importante notarmos que estamos começando bem, mas ainda existem mais alguns aspectos a considerar antes de estarmos prontos para tomar uma decisão.

Em primeiro lugar, 1,20 dólar por ação é o que a empresa do Jason lucrou no ano *passado*. Precisamos analisar se o negócio tem potencial para ganhar o mesmo valor no próximo ano. Os cenários possíveis são: a empresa pode lucrar mais ou pode lucrar *menos*. O lucro do último ano pode ser um bom ponto de partida para estimarmos o lucro do próximo ano, mas talvez não. Se a empresa não ganhar 1,20 dólar no próximo ano, o negócio não vai render os 10% que esperamos a cada ação de 12 dólares que acabamos de comprar. De novo, pode render mais, ou pode ser menos.

Em segundo lugar, quando conseguirmos chegar a uma estimativa de quanto a empresa de Jason ganhará no ano que vem, temos de definir o nível de nossa *confiança* nessa previsão. Se nos basearmos apenas em um palpite, porque não fazemos ideia de quanto somam as vendas de gomas de mascar a cada ano, e nem se as lojas da rede são somente uma moda passageira ou se o lucro de Jason sofrerá com a concorrência de novos empresários no setor, então nossa estimativa será suspeita. Mas, de todo modo, temos de ser razoáveis. Se a nossa dúvida variar entre um lucro de 1,50 dólar ou de 2 dólares, essa incerteza não nos apresenta um problema. Os dois valores vão representar que a empresa de Jason está ganhando mais do que 10% sobre nosso custo inicial de 12 dólares por ação. Por outro lado, se nossa dúvida ficar entre um lucro por ação de 20 centavos ou 1,20 dólar, então os 6% garantidos pelo título da dívida do governo começam a parecer bem mais certeiros.

O terceiro pequeno detalhe que ainda não consideramos é que o próximo ano é somente um ano. Mesmo que a empresa de Jason ganhe 1,20 dólar no *ano que vem* (ou muito mais ou muito menos do que isso), o que dizer de todos os anos seguintes? O lucro continuará aumentando? Talvez cada loja siga com ótimas vendas de goma todos os anos e os lucros aumentem cada vez mais. Ou ainda, se as dez lojas conseguirem ganhar 1,20 dólar por ação e a cadeia de Jason chegar a 20 lojas em alguns anos, isso fará o lucro subir para 2,40 dólares ou até mais? Pode ser. Mas também é possível que o negócio de gomas de mascar esfrie daqui a poucos anos, fazendo com que o lucro fique estagnado bem abaixo de 1,20 dólar por um bom tempo. E ainda tem mais...

Eu sei, você está começando a entrar em pânico. Eu posso sentir. Isso tudo é muito complicado. Como é que se pode entender tanta coisa? Alguém consegue fazer todas essas previsões? E, mesmo que você dê seu melhor palpite, será que estou esperando que você (e os meus filhos inclusive) "aposte" dinheiro *de verdade* num monte de palpites e estimativas? Além disso, se existem toneladas de MBAs, PhDs, especialistas em finanças e analistas profissionais de investimento, além de gestores financeiros em tempo integral tentando justamente entender essas coisas todas, como é que eu espero que alguém como *você* possa competir com todas essas pessoas dedicadas, inteligentes e sofisticadas?

Mas já chega com esse desespero. Espera um pouco... Será que eu não consigo ajudar em nada? Que tal um pouco de fé? Me dê uma chance, por favor. Vou fazer a seguir um bom resumo e lhe dizer o que é mais importante ter em mente. Então, vamos em frente. Se eu tiver de te levar pela mão por causa de qualquer coisinha...

Até aqui, o que você precisa saber é isto:

1. Comprar uma *ação* de uma empresa significa que você está adquirindo uma porção (ou percentual de juro) daquele negócio. Com isso, você tem direito a uma porção dos lucros futuros daquela empresa.

2. O cálculo do valor do negócio implica estimar (ok, adivinhar) quanto ele ganhará no futuro.

3. O ganho da ação com os lucros da empresa deve lhe render mais dinheiro do que você receberia se investisse a mesma quantia no título da dívida de dez anos sem riscos do governo americano ou do país em que você residir. (Lembre-se: no último capítulo, estipulamos que 6% é o

lucro anual mínimo absoluto, mesmo quando o índice do título da dívida do governo cai a menos de 6%.)

Não me esqueci da *fórmula mágica*, não. Mas você vai ter de parar de me chatear com isso, tá? Segura a onda...

Capítulo 4

Ótimo, calcular quanto vale um negócio não é fácil. Depois de muitas estimativas e suposições, pode ser que você chegue a algum lugar – ou não. Mas e se conseguisse chegar a um valor plausível? E se você pudesse descobrir o valor real de um negócio? Faria alguma coisa com essa informação? Existe mesmo um lugar, como o que prometi no Capítulo 1, onde você pode comprar um negócio pela metade do valor? Um lugar onde você pode conseguir 1.000 dólares investindo somente 500? Pode apostar que sim, mas, primeiro, precisamos passar alguns minutos numa faculdade de Administração.

Nos últimos anos, venho ministrando um curso de investimentos para uma turma de graduandos em Administração de uma universidade membro da Ivy League. Nem é preciso dizer que lido com um grupo de alunos muito inteligentes. Todos os anos, no primeiro dia de aula, entro na sala e abro o jornal no caderno de finanças. Lá estão páginas e páginas de tabelas com muitos números numa fonte minúscula (parece ótimo até aí, certo?). Essas tabelas incluem os nomes de companhias e, ao lado de cada um deles, todos os preços.

– Citem o nome de uma companhia grande e famosa – eu começo.

Os alunos lembram-se de General Electric, IBM, General Motors e Abercrombie & Fitch. Na realidade, não importa as companhias que os alunos dizem. O ponto que quero salientar é que o nome de qualquer empresa vai servir, seja ela grande ou pequena, famosa ou não, seja qual for sua área de atuação. O resultado é sempre o mesmo.

Localizo no jornal a General Electric e leio os números em voz alta:

– Aqui diz que o preço de uma ação da GE era 35 dólares ontem. E também diz que o preço de venda mais alto de uma ação da GE no ano passado foi 53 dólares. O mais baixo, no mesmo período, foi 29 dólares.

"No caso da IBM, é a mesma coisa. Vocês poderiam ter comprado uma ação da IBM ontem por 85 dólares. No ano passado, a ação chegou a ser vendida pelo valor máximo de 93 dólares e pelo mínimo de 55."

"A General Motors, ontem, vendeu ações a 37 dólares. Mas, no decorrer do ano passado, foram vendidas entre o mínimo de 30 e o máximo de 68 dólares. A ação da Abercrombie & Fitch – que ontem era vendida por 27 dólares – teve uma variação de preços no ano passado entre 15 e 33 dólares."

A seguir, aponto que essas são variações consideráveis no preço das ações e um intervalo bem curto para tantas mudanças. Assim, analisar o preço das ações ao longo de dois ou três anos forneceria uma variação ainda maior.

Portanto, a pergunta que sempre faço é a seguinte: como pode acontecer uma coisa dessas? Essas são companhias grandes e famosas. Cada uma delas dividiu a participação em milhões (e, em alguns casos, bilhões) de ações iguais, tal como Jason fez com seu negócio de gomas de mascar. No início, as companhias vendem suas ações para o público (tanto indivíduos como investidores institucionais). Depois disso, porém, as pessoas que as adquiriram podem passar a vendê-las a qualquer um.

Diariamente, os jornais publicam uma lista com os nomes de milhares de companhias e o preço de compra e venda de suas ações. A *negociação* [*trading*] de compra e venda dessas fatias de participação ocorre em diversos locais e por meio das redes de computadores. Essas fatias de posse são designadas como *ações* e, coletivamente, toda essa atividade de compra e venda é chamada de *mercado de ações*.

Uma empresa do tamanho da IBM ou da GM, por exemplo, pode ter dividido a participação em sua posse em aproximadamente um bilhão de ações de mesmo valor. Isso quer dizer que, se em algum momento do ano você pode comprar uma ação da GM por 30 dólares (e, para os fins do nosso exemplo, supomos que a GM dividiu sua propriedade em um bilhão de partes iguais — ou ações), então o preço implícito para adquirir a empresa toda (ou o bilhão de ações) será de 30 bilhões de dólares. No entanto, se, em algum momento desse mesmo ano, as ações da GM puderem ser compradas a 60 dólares cada, isso indicaria que o custo da compra da GM inteira seria de 60 bilhões de dólares.

Então, repito a pergunta: como isso é possível? O valor da GM, a maior fabricante de carros da América do Norte, pode variar tanto assim no intervalo de apenas um ano? Uma companhia desse tamanho pode valer 30 bilhões de dólares num dia e, alguns meses depois, 60 bilhões? Estaria vendendo o dobro de veículos, ganhando o dobro, ou fazendo algo drasticamente diferente com seu negócio para justificar tal mudança de valorização? Isso pode até ser possível, mas o que dizer das grandes mudanças de preço em companhias como IBM, Abercrombie & Fitch e GE? Será que realmente acontecem grandes reviravoltas internas que justifiquem tamanhas mudanças no valor da maioria das empresas?

Lembre-se de que todos os anos acontece a mesma coisa: seja qual for a empresa citada pelos meus alunos, a variação entre os preços mais altos e mais baixos, no intervalo de um ano, é enorme. Isso faz sentido? Bom, a fim de poupar o tempo da aula (e como só consigo me manter concentrado por muito pouco tempo), geralmente já apresento a resposta sem mais delongas: NÃO. Não faz nenhum sentido que o *valor* da maioria das companhias sempre oscile loucamente de alto a baixo – ou de baixo a alto – no curso de um ano. Por outro lado, parece bem claro que o *preço* das ações na maioria das companhias sempre oscila loucamente todos os anos. Basta lermos os jornais para verificar que isso é verdade.

Então, peço à minha turma, sempre cheia de alunos muito capazes e inteligentes, que tente me explicar por quê. Por que o *preço* de todos esses negócios muda tanto a cada ano se não é plausível a teoria de que o *valor* do negócio sofre efetivamente tantas alterações? Bom, essa é mesmo uma ótima pergunta, de modo que em geral deixo que meus alunos passem algum tempo propondo explicações e teorias complicadas.

Aliás, essa é uma pergunta tão boa que os professores elaboraram campos inteiros de estudos econômicos, matemáticos e sociais para tentar encontrar uma resposta. Mais incrível ainda é que a maior parte desse trabalho acadêmico redundou em teorias destinadas a dizer por que uma coisa que claramente não faz sentido de fato faz sentido. E é preciso ser *realmente* inteligente para conseguir isso.

Então, por que o preço da ação se movimenta tanto durante o ano quando parece claro que o valor do negócio envolvido não muda? Bom, eis o que digo para os meus alunos: quem sabe e quem se importa?

Talvez as pessoas fiquem meio piradas da cabeça. Talvez seja difícil prever os lucros futuros. Talvez seja difícil definir qual é o índice justo de retorno sobre o que você pagou como preço de compra. Talvez as pessoas às vezes fiquem um pouco deprimidas e não queiram pagar muito por alguma coisa. Talvez as pessoas às vezes fiquem empolgadas demais e, com isso, dispostas a pagar muito pela mesma coisa. O que quero dizer é que esse mercado é feito por humanos e talvez as pessoas simplesmente justifiquem os preços mais altos fazendo estimativas elevadas de lucros futuros quando estão felizes; e justifiquem os preços baixos fazendo estimativas pessimistas quando estão tristes.

Mas, como eu disse, talvez as pessoas fiquem meio piradas (essa ainda é minha tese predileta). A verdade é que eu realmente não tenho como saber *por que* as pessoas se dispõem a comprar e a vender ações da maioria das empresas por preços tão absurdamente diferentes em intervalos de tempo tão curtos. Tudo o que eu tenho de saber é que elas efetivamente *fazem isso*! E por que isso tem utilidade? Vamos pensar um pouco a respeito.

Imagine que você descobriu que um negócio (talvez como a empresa do Jason) tinha ações valendo entre 10 e 12 dólares e que, em diferentes momentos do ano, a ação podia ser comprada por um valor variando entre 6 e 11 dólares. Bom, se você estava confiante em sua estimativa quanto ao valor do negócio, então pode ser uma decisão difícil definir comprar ou não ações quando estavam sendo negociadas perto de 11 dólares. Mas quando as ações dessa mesma companhia, durante o mesmo ano, estavam disponíveis por um valor próximo de 6 dólares, sua decisão poderia ficar muito mais fácil! A 6 dólares a ação, se suas estimativas do valor estivessem aproximadamente corretas, então você estaria comprando ações da empresa de Jason por 50% ou 60% do que verdadeiramente valeriam.

Um dos maiores pensadores e autores sobre o mercado de ações, Benjamin Graham, tinha uma boa explicação para isso. Imagine que você é sócio-proprietário de um negócio junto com um sujeito maluco chamado sr. Mercado. O sr. Mercado é propenso a loucas variações de humor. Todo dia ele se oferece para comprar suas ações de uma empresa ou vender a você, por determinado preço, as ações que ele tem de uma empresa. O sr. Mercado sempre deixa a decisão completamente do seu lado, e diariamente você tem três opções: pode vender suas ações para o sr. Mercado ao preço que ele definiu, pode comprar as ações do sr. Mercado por esse mesmo preço, ou pode não fazer nada.

Às vezes, o sr. Mercado está tão de bom humor que estipula um preço muito mais alto do que o verdadeiro valor do negócio. Nesses dias, provavelmente faria mais sentido se você vendesse ao sr. Mercado suas ações. Em outros dias, ele está de tão mau humor que coloca o preço lá embaixo e então você pode se aproveitar da maluquice dele e comprar ações por um preço bem menor. Se o preço estipulado pelo sr. Mercado não é nem muito alto nem extraordinariamente baixo em relação ao valor do negócio, é bastante lógico você optar por não fazer nada.

No mundo do mercado de ações, é exatamente assim que as coisas funcionam. E o mercado de ações é o sr. Mercado! Se, de acordo com os jornais, a General Motors está vendendo ações a 37 dólares a unidade, você tem três opções: comprar ações da GM a 37 dólares cada, vender suas ações da GM e receber 37 dólares por cada uma, ou não fazer nada. Se você acha que a ação da GM vale 70 dólares, então pode pensar que 37 dólares é um valor ridiculamente baixo e decidir comprar algumas ações. Se você acha que a ação da GM vale apenas 30 ou 35 dólares (e acontece que você tem algumas ações da General Motors), você pode resolver vender ao "sr. Mercado" a 37 dólares a ação. Se pensa que o valor de cada ação da GM está entre 40 e 45 dólares, pode resolver não fazer nada. A 37 dólares a ação, o preço não representa um desconto grande o bastante para motivá-lo a comprar, assim como 37 dólares não é uma oferta generosa o bastante para levá-lo a querer vender.

Em resumo, você nunca é obrigado a agir. E somente você pode escolher entrar em ação quando o preço ofertado pelo sr. Mercado parecer muito baixo (e então logicamente você opta por comprar ações) ou extremamente alto (e então logicamente você pode optar por vender algumas de suas ações para o sr. Mercado e fazer algum dinheiro).

Graham costumava chamar essa prática de comprar ações de uma empresa somente quando estão sendo negociadas com um grande desconto em relação ao seu verdadeiro valor de "investir com *margem de segurança*". A diferença entre o valor estimado da ação de 70 dólares e o preço de compra dessa ação, digamos, a 37 dólares representaria a margem de segurança do seu investimento. Se seu cálculo original do valor da ação de uma companhia como a General Motors for alto demais ou se o negócio dos carros sofrer um revés inesperado após a sua compra, a margem de segurança do seu preço de compra original ainda pode protegê-lo de perder dinheiro.

Mesmo que, originalmente você tivesse estimado o valor justo em 70 dólares e depois verificasse que 60 ou mesmo 50 dólares fosse um valor mais perto do real por ação, um preço de compra de 37 dólares seria uma margem suficiente para você ainda ganhar dinheiro com seu investimento original! Graham concluiu que sempre usar o princípio da margem de segurança na decisão de compra de ações de uma empresa de um parceiro maluco como o sr. Mercado era o segredo para conseguir obter lucros seguros e confiáveis. Na realidade, esses dois conceitos – exigir uma margem de segurança para seus investimentos e entender o mercado de ações como um sócio, tal como o sr. Mercado – têm sido usados com muito sucesso por alguns dos maiores investidores de todos os tempos.

Mas espere um instante! Ainda temos um problema. Bem, talvez alguns. Em primeiro lugar, como já dissemos, como é que você poderia saber quanto vale um negócio? Se você não consegue atribuir um valor justo a uma empresa, então não consegue dividir esse valor pelo número de ações que existem e não consegue chegar ao valor justo de uma ação. Portanto, mesmo que uma ação da GM seja vendida por 30 dólares num dia e por 60 dólares alguns meses depois, você não tem ideia se esses preços são um barato e outro caro, ou os dois baratos, ou os dois caros, ou qualquer outra coisa! Em suma, com base no que sabemos até agora, você não seria capaz de reconhecer um bom negócio (uma pechincha) mesmo que ele lhe caísse no colo!

Em segundo lugar, se você pudesse calcular um preço justo ou uma margem de preços para o negócio, como é que saberia se está minimamente próximo de estar correto? Lembre-se, no processo de calcular o valor de um negócio, a única coisa que você faz é formular um monte de palpites e estimativas, os quais incluem prever os lucros de um negócio por muitos anos no futuro. Até mesmo os especialistas (seja lá o que isso signifique) têm dificuldade para fazer esses cálculos.

Em terceiro lugar, como já vimos, como descartar o fato de que existem milhões de pessoas inteligentes e dedicadas tentando entender tudo isso? Como descartar o fato de que existem inúmeros analistas de mercado de ações e investidores profissionais que passam o tempo todo tentando descobrir o que as companhias realmente valem? Ainda que eu pudesse de fato ensinar *você* a investir, essas pessoas inteligentes, experientes e especializadas não seriam melhores do que você? Não se apossariam elas mesmas de todas as melhores negociações óbvias antes que você tivesse qualquer acesso a essas oportunidades? Como competir com elas? A única coisa que você fez foi comprar um livro, um livro que diz que até crianças (ok, adolescentes) podem aprender a ganhar *muito* dinheiro com o mercado de ações. Isso faz sentido? Quais são suas reais chances de fazer isso funcionar?

Bom, uma pessoa sensata poderia começar a se sentir um pouco tola nesta altura. Mas, de todo modo, você já pagou algum dinheiro por este livro, o que faz com que esteja um pouco mais perto de fazer isso dar certo do que uma pessoa que nem este livro está lendo. Então, no mínimo, temos isso a nosso favor. Em todo caso, pronto ou não, eis o resumo:

1. O *preço* de uma ação se movimenta loucamente em períodos de tempo muito curtos. Isso não significa que o *valor* da companhia em questão tenha mudado muito durante o mesmo período. De fato, o mercado de ações se comporta de modo muito parecido com um sujeito maluco chamado sr. Mercado.

2. É uma boa ideia comprar ações de uma companhia que oferece um grande desconto sobre o valor estimado dessas ações. Comprar ações com grande desconto lhe dará uma ampla *margem de segurança* e conduzirá você a fazer investimentos seguros e consistentemente lucrativos.

3. Com base no que aprendemos até agora, você não saberia identificar uma ação de preço irrisório se ela caísse no seu colo.

4. E, já que você chegou até aqui, bem que poderia continuar lendo este livro.

Capítulo 5

Eu adoro cinema, e *Karatê Kid* é um dos meus favoritos. Claro que eu gostaria de qualquer tipo de arte em que comer pipoca e outras guloseimas fizesse parte da atividade. Mas, nesse filme em específico existe uma sequência que tem um significado especial para mim. Nela, o velho mestre de karatê, o sr. Miyagi, deve ensinar seu jovem aprendiz, Daniel Larusso, a lutar. O menino é novo na escola e está sendo atacado por um grupo de valentões que já conhecem karatê. Daniel quer aprender a lutar para poder enfrentar seus torturadores e conquistar a menina dos seus sonhos. Em vez disso, porém, o sr. Miyagi manda Daniel executar serviços como encerar os carros, pintar cercas e lixar o chão.

Então, depois de várias cenas mostrando o pobre Daniel se acabando de trabalhar – encerando, pintando e lixando –, o jovem finalmente não aguenta mais. Quando confronta o sr. Miyagi, o aluno pergunta mais ou menos assim: "Por que estou perdendo tempo com essas tarefas banais, sem valor, quando eu deveria estar aprendendo karatê?". O sr. Miyagi ordena que Daniel fique em pé e pare de lixar o chão, então começa a desferir socos contra o jovem enquanto grita para que continue a encerar. Daniel, então, protege-se de cada golpe com os movimentos giratórios que aprendeu nas muitas horas em que ficou encerando os carros. Em seguida, o sr. Miyagi solta um soco e grita: "Pinte a cerca!". Mais uma vez, Daniel se desvia do soco, dessa vez usando o movimento vertical comum quando se pinta uma cerca. Depois, Daniel também detém um chute de karatê do professor utilizando os movimentos que costumava fazer para lixar o chão.

Na verdade, enquanto aprendia essas técnicas simples, mesmo que sem querer nem saber, Daniel estava se tornando mestre em karatê. Nos bons filmes, o espectador experimenta um artifício chamado *suspensão voluntária da descrença*. Em outras palavras, nós até sabemos que Ralph Macchio, o ator que interpreta Daniel no filme, não conseguiria de fato usar aqueles movimentos de encerar para se defender de algum ataque num beco escuro. No mundo real, antes que pudesse terminar a primeira "demão", o sr. Macchio provavelmente seria golpeado na cabeça e cairia no chão como um balão murcho. Mas, enquanto estamos sob o fascínio do filme, estamos prontos e mais do que dispostos a acreditar que os métodos simples do sr. Miyagi podem realmente operar milagres.

Bom, agora vou ter de pedir que você também pratique um pouco desse artifício de suspensão da descrença. Não porque esteja prestes a aprender algo que não faz sentido, muito pelo contrário: os dois conceitos deste capítulo são simples e óbvios. Mas o fato é que eles são tão básicos que você vai ter dificuldade para acreditar que ferramentas tão simples sejam capazes de fazer de *você* um mestre em mercado de ações. Então, preste bem atenção agora e prometo que, mais tarde, você não vai levar uma pancada na cabeça.

Na última vez que estivemos com Jason, o herói da nossa história, ele tinha acabado de nos fazer uma proposta fascinante, mas simples. Jason nos perguntou se gostaríamos de comprar uma parte de sua insanamente bem-sucedida cadeia de lojas de goma de mascar. ("Você quer chiclete, você sabe que quer...") Porém, por mais que Jason queira nos vender uma parte do seu negócio, dar uma resposta a ele acabou não se revelando algo tão simples assim.

Analisando a *demonstração de lucros e perdas* que Jason nos forneceu, verificamos que a cadeia de dez lojas de sua empresa lucrou no total 1,2 milhão de dólares no último ano, o que é um resultado bem impressionante. Como Jason repartiu seu negócio em um milhão de ações iguais, tínhamos concluído, portanto, que cada ação fazia jus a 1,20 dólar de lucro (1,2 milhão de dólares divididos por um milhão de ações). Sendo 12 dólares o preço de venda da ação estipulado por Jason, isso significou que, com base nos lucros do último ano, a empresa teria dado um lucro de 10% para cada ação de 12 dólares comprada (1,20 dólar dividido por 12 dólares = 10%).

Esse lucro de 10%, calculado pela divisão dos lucros por ação no ano pelo preço da ação, é chamado de *rendimento dos resultados*. A seguir, comparamos o rendimento de 10% que pudemos receber pelo investimento no negócio de Jason com o retorno de 6% que poderíamos ter se investíssemos no título da dívida pública, livre de riscos, de dez anos do governo dos Estados Unidos. Sem muita dificuldade, pudemos concluir que ganhar 10% ao ano com nosso investimento era melhor do que ganhar 6%. Claro que, embora essa primeira etapa da análise seja bastante simples, identificamos alguns problemas logo a seguir.

Em primeiro lugar, a empresa de Jason lucrou aquele valor de 1,20 dólar por ação no ano anterior. Os lucros do próximo ano podem acabar se mostrando algo completamente diferente. Se o negócio de Jason gerar menos de 1,20 dólar de lucro no próximo ano, não poderemos contar com os 10% do nosso investimento, então talvez seja melhor optar pelos seguros 6% do título da dívida do governo. Em segundo lugar, mesmo que o negócio de Jason realmente lucre 1,20 dólar por ação no próximo ano, trata-se de apenas um ano. Como podemos saber, agora ou em qualquer momento, quanto a empesa de Jason poderá lucrar nos anos subsequentes? Pode ser muito mais do que 1,20 dólar a ação, mas também pode ser muito menos, e nosso rendimento por resultado cairia então significativamente abaixo dos 6% que poderíamos receber sem correr riscos do governo americano, ou do país em que você reside.[1] Por fim, mesmo que tenhamos uma opinião sobre lucros futuros, como confiar que nossa previsão está correta?

Em resumo, todos os nossos problemas parecem se reduzir a isto: é difícil prever o futuro. Se não podemos prever os lucros futuros de um negócio, então é difícil atribuir um valor a ele. Se não podemos valorar um negócio, então, mesmo que o sr. Mercado enlouqueça às vezes e nos ofereça preços incrivelmente vantajosos, nós não seremos capazes de identificá-los. Porém, em vez de nos concentrar em todas as coisas que desconhecemos, vamos dar atenção a coisas que podemos saber.

Como vimos, a empresa de Jason lucrou 1,20 dólar por ação no último ano. Ao preço de 12 dólares a ação, nosso rendimento portanto foi de 1,20 dólar dividido por 12 dólares, ou seja 10%; bem fácil. Mas e se a empresa de Jason ganhasse 2,40 dólares por ação no mesmo período e ainda assim pudéssemos comprar uma ação por 12 dólares? Qual seria o rendimento de resultado então? Bem, 2,40 dólares divididos por 12 dólares representam 20%. Portanto, se o negócio de Jason lucrou 2,40 dólares no último ano, ao preço de 12 dólares a ação, o rendimento de resultado seria de 20%. Se a empresa de Jason tivesse lucrado 3,60 dólares por ação, no último ano, ao preço de 12 dólares a ação, o rendimento de resultado seria de 30%. Até aqui, ótimo, mas a coisa fica ainda mais fácil.

Preste bastante atenção agora, porque restam somente dois pontos principais neste capítulo e eis a questão que vai determinar se você de fato entendeu o primeiro. Se todas as condições continuarem as mesmas, se você puder comprar por 12 dólares uma ação da empresa de Jason, qual desses rendimentos de resultado você iria preferir? Você gostaria que a empresa tivesse lucrado

---

[1] Vale reforçar que essas taxas de juros não são fixas. Você precisa consultar as taxas aplicadas em seu país. Aqui estamos usando esse número como parte da reflexão.

1,20 dólar por ação no último ano, 2,40 ou 3,60 dólares? Em outras palavras, você preferiria que o rendimento de resultados calculado usando-se os lucros do ano anterior fosse 10%, 20% ou 30%? Rufar de tambores, por favor. Se você respondeu que 30% é evidentemente melhor do que 20% ou 10%, está certo! E o ponto é este: você prefere ter um rendimento de resultado mais alto em vez de mais baixo; você prefere que o negócio ganhe mais em relação ao preço que você está pagando, em vez de menos! Agora, vamos em frente!

Bem, até aqui não foi tão difícil assim, mas agora vamos ao segundo ponto do capítulo, que se dedica a um aspecto um pouco diferente do primeiro (senão, eu estaria dizendo duas vezes a mesma coisa – o que seria uma perda de tempo para você, algo que eu jamais faria, a menos que colocasse entre parênteses).

O primeiro ponto tinha a ver com *preço*: quanto ganhamos em relação ao preço de compra. Em outras palavras, questionamos se o preço de compra é ou não vantajoso. No entanto, além do preço, também podemos querer saber algo a respeito da natureza do negócio em si. Em suma, o que está em jogo é se estamos comprando um *bom* ou um *mau* negócio.

Claro que existem múltiplas maneiras que nos permitem definir se um negócio é bom ou ruim. Entre outras coisas, podemos verificar a qualidade de seus produtos ou serviços, a lealdade de seus clientes, o valor de suas marcas, a eficiência de suas operações, o talento de seus gestores, a força da concorrência, as perspectivas de longo prazo da empresa. Obviamente, qualquer um desses critérios, individualmente ou combinados, seria útil para avaliarmos se estamos adquirindo um bom negócio ou não. Todas essas avaliações também envolveriam palpites, estimativas e/ou previsões. E, como já concordamos anteriormente, é bem complicado fazer isso.

Portanto, mais uma vez, pode fazer sentido examinar primeiro alguns outros aspectos que já conhecemos. Na verdade, não vamos fazer *nenhuma* previsão. Em vez disso, vamos somente verificar o que aconteceu no ano *passado*. Se descobrirmos que Jason gastou 400 mil dólares para construir cada uma de suas lojas (incluindo estoque, vitrines etc.) e que cada uma lhe rendeu 200 mil dólares no último ano, isso significaria, com base nos resultados desse período, que uma loja-padrão da rede do Jason ganha 200 mil dólares por ano em cima de um investimento inicial de apenas 400 mil dólares. Isso resulta num retorno anual de 50% (200 mil dólares divididos por 400 mil dólares). Esse resultado costuma ser chamado de *retorno sobre o capital*, que no caso da rede de Jason é de 50%. Sem nos aprofundarmos em outras informações, podemos considerar que ganhar 200 mil dólares por ano com uma loja que custou 400 mil para ser montada parece um ótimo negócio. Mas aqui vem a parte difícil (só que não).

E se Jimbo, um amigo de Jason, também fosse dono de uma rede de lojas, chamada Só Brócolis, e também lhe oferecesse a oportunidade de comprar uma parte da rede dele? E se Jimbo também tivesse gasto 400 mil dólares para abrir uma nova loja, mas cada loja tivesse lucrado apenas 10 mil dólares no ano anterior? Ganhar 10 mil dólares com uma loja que custa 400 mil para ser montada rende um retorno anual de 2,5%, quer dizer, um lucro de 2,5% sobre o capital. Com isso, a questão complicada é esta: qual negócio parece melhor? No negócio de Jason, cada loja lucrou 200 mil dólares no ano anterior e custou 400 mil dólares para ser montada; na Só Brócolis, cada loja lucrou 10mil dólares no ano anterior, mas também custou 400 mil para ser montada. Em outras palavras, o que parece melhor? O negócio que rende 50% sobre o capital investido ou o que rende 2,5%? A resposta é óbvia e não deixa margem para dúvida. E este é o segundo ponto: você deve preferir um negócio que oferece um alto retorno sobre o capital em vez daquele que rende menos. Aprenda a encerrar (pintar cercas, lixar alguma coisa ou o que for!).[2]

---

2 Para saber o que Jimbo deveria fazer, consulte o boxe ao final do capítulo.

E agora, vamos para o grande final. Você lembra que eu disse que seria difícil acreditar neste capítulo? E que, usando apenas duas ferramentas simples, você poderia realmente se tornar um mestre no mercado de ações? Bom, pode acreditar. *Você* é um mestre em mercado de ações.

Como? Você vai ver no próximo capítulo. O que acontece é que, *se você ficar firme e só comprar boas empresas (aquelas que oferecem alto retorno de capital), e só comprá-las a preços* irrisórios *(preços que lhe dão um alto rendimento de resultados), você poderá comprar sistematicamente muitas fatias das boas companhias das quais o doido do sr. Mercado tiver decidido, literalmente, se desvencilhar.* Você pode obter lucros sobre seus investimentos que dão de dez a zero inclusive nos melhores profissionais (mesmo os mais inteligentes que eu conheço). Você pode bater o retorno dos professores mais afamados e ter desempenho superior a todos os estudos acadêmicos já realizados. De fato, você pode mais do que duplicar o retorno das médias do mercado de ações!

E tem mais. Você pode fazer tudo isso sozinho, correndo um baixo risco e sem fazer nenhuma previsão. Você pode fazer isso seguindo uma fórmula simples que usa apenas os dois conceitos básicos que aprendeu neste capítulo. E você pode fazê-lo pelo resto da vida – e é preferível fazê-lo somente depois de estar convencido de que realmente funciona.

Difícil de acreditar? Bom, agora o meu trabalho é provar para você que isso é verdade. E o seu é reservar algum tempo para ler e entender que o único motivo pelo qual esse método simples funciona é ele fazer todo o sentido! Mas antes de avançarmos, porém, aqui segue o nosso já conhecido resumo:

1. Pagar um *preço irrisório* ao comprar uma ação é uma boa coisa. Um modo de fazer isso é adquirir um negócio que ganha mais em relação ao preço que você está pagando, não menos. Em outras palavras, um *rendimento de resultado* mais alto é melhor do que um mais baixo.

2. Comprar ações de um *bom* negócio é melhor do que comprar as de um negócio *ruim*. Uma maneira de garantir isso é comprar um negócio que possa investir seu próprio capital com altos índices de retorno, em vez de comprar um negócio que só pode investir a índices de retorno mais baixos. Em outras palavras, os negócios que geram alto *retorno sobre o capital* são melhores do que aqueles que geral baixo retorno sobre o capital.

3. Combinar os pontos 1 e 2, ou seja, comprar *bons* negócios a preços *irrisórios*, é o segredo para você ganhar rios de dinheiro.

Agora, o item mais importante:

4. Não dê seu dinheiro a alguém chamado Jimbo.

> Na realidade, a menos que Jimbo espere que as lojas da Só Brócolis ganhem muito mais nos próximos anos (uma suposição que obviamente implica prever o futuro), parece bem evidente que o negócio de Jimbo é tão ruim que nem ele deveria estar perdendo tempo montando lojas para sua empresa. Se ele puder escolher entre montar uma loja nova por 400 mil dólares que lhe renderão somente 2,5% por ano ou comprar um título da dívida pública do governo dos Estados Unidos que lhe dará um retorno de 6% sobre esse investimento – e sem risco –, qual o sentido de montar uma loja, para começo de conversa? Abrir lojas para a Só Brócolis significa que Jimbo está realmente jogando dinheiro fora! (Mesmo parecendo que ele ganha 2,5% sobre seu investimento numa loja nova, na realidade ele está jogando fora os outros 3,5% que poderia ganhar simplesmente comprando títulos da dívida do governo americano livres de risco!)

Capítulo 6

Então, estamos prontos para a *fórmula mágica*. Eu sei que você provavelmente ainda está pensando que isso não vai funcionar, que vai ser muito difícil ou que há alguma coisa errada com um livro que ousa afirmar ter uma fórmula mágica para investimentos. Mas, se for para você se sentir melhor, até mesmo o grande Benjamin Graham, um dos mais respeitados e influentes pioneiros no campo dos investimentos, o homem que nos apresentou os conceitos de sr. Mercado e de margem de segurança, escreveu sobre a sua própria fórmula mágica e a pôs em prática. Ok, ele não a chamou assim (ao que parece, ele manteve sua dignidade), mas Graham achou que a maioria dos investidores individuais, e até mesmo investidores profissionais, teria dificuldades para fazer esse tipo de previsão e realizar o nível de análise necessário para valorar um negócio e investir nele. Graham pensou que, divulgando uma fórmula simples, que fizesse sentido e já tivesse dado bons resultados no passado, os investidores individuais seriam capazes de obter excelentes resultados com seu investimento — e com alto grau de segurança.

A fórmula de Graham envolvia a compra de companhias cujas ações estivessem por um preço tão irrisório a ponto de serem efetivamente mais baixos do que os lucros a serem obtidos com o simples fechamento da empresa e a venda dos bens da companhia numa grande liquidação (e ele deu vários nomes a essas ações: *pechinchas, net-current-asset stocks* ou ainda ações vendidas abaixo de seu *valor líquido para liquidação*). Graham afirmou que parece "ridiculamente simples dizer" que, se a pessoa pudesse comprar um grupo de 20 ou 30 empresas por um valor barato o suficiente para cumprir os estritos requisitos de sua fórmula, sem realizar outras análises adicionais, os "resultados deveriam ser bastante satisfatórios". Na realidade, Graham usou essa fórmula com muito sucesso por mais de 30 anos.

Infelizmente, a fórmula foi elaborada durante um período em que muitas ações estavam precificadas por pouco. Por várias décadas depois do colapso da bolsa de valores de 1929 e da Grande Depressão que se seguiu, investir em ações foi considerado um negócio extremamente arriscado. Portanto, a maior parte dos investidores não estava disposta a atribuir um valor alto a ações por medo de perder novamente seu dinheiro. Embora a fórmula de Graham tenha continuado a funcionar ao longo dos anos, especialmente nos períodos em que os preços das ações estavam particularmente depreciados, nos mercados de hoje são poucas as ações que cumprem os requisitos estritos da fórmula original de Graham.

Mas tudo bem. Tendo usado sua fórmula de maneira bem-sucedida por tantos anos, Graham mostrou que um sistema simples para localizar ações evidentemente baratas poderia resultar em retornos de investimento consistentemente bons. Se o sr. Mercado estava disposto a lhe vender um grupo de ações por preço tão baixo a ponto de corresponderem à sua fórmula de exigências estritas, Graham entendia que, *na média*, ele acabaria possuindo uma carteira de pechinchas. Sem dúvida, o preço baixo de algumas ações seria justificado. Algumas companhias realmente merecem o preço baixo porque suas perspectivas futuras são ruins. *Mas, na média, Graham entendia que as compras feitas com base em sua fórmula seriam pechinchas criadas pelo sr. Mercado, que estaria praticamente entregando negócios a preços injustificadamente baixos.* Graham sugeria que comprar um grupo dessas ações de valor irrisório permitiria que os investidores obtivessem altos retornos com segurança, sem se preocupar se teriam feito alguma compra ruim e sem fazer análises complicadas de ações individuais.

Sem dúvida, isso nos deixa com um desafio óbvio. Será que podemos elaborar uma nova fórmula capaz de bater as médias de mercado com baixo risco? Será que conseguimos encontrar uma fórmula que não somente funcione no mercado atual como seja flexível o suficiente para ter serventia no futuro, seja qual for o nível geral do mercado? Bom, como você deve ter imaginado, podemos. Aliás, você já sabe qual é!

No Capítulo 5, vimos que, mantidas as circunstâncias, se temos de escolher entre comprar uma ação com alto rendimento de resultado (uma ação que ganha bastante em relação ao preço que estamos pagando) ou outra com baixo retorno (uma ação que ganha pouco em relação ao preço que estamos pagando), é melhor escolher a ação que oferece alto rendimento de resultado. Também aprendemos que, mantidas as circunstâncias, se a escolha for entre comprar ações de uma companhia que obtém alto retorno sobre o capital (uma empresa cujas lojas ou fábricas ganham bastante em relação ao custo de montá-las) e comprar ações de uma companhia que obtém baixo retorno sobre o capital (uma empresa cujas lojas ou fábricas ganham muito pouco em relação ao custo de montá-las, como é o caso da Só Brócolis), é melhor escolhermos as ações com alto retorno sobre o capital.

Então é isso. O que você acha que iria acontecer se simplesmente decidíssemos comprar ações de companhias que tivessem tanto um alto rendimento de resultado quanto um alto retorno do capital? Em outras palavras, *o que aconteceria se decidíssemos comprar apenas ações de bons negócios (aqueles com alto retorno sobre o capital), mas somente quando estivessem disponíveis a preços irrisórios (preços que nos proporcionam um alto rendimento de resultado)?* Bom, vou dizer a você o que aconteceria: *ganharíamos um monte de dinheiro!* (Ou, nas palavras de Graham, "os lucros seriam *muito satisfatórios!*"). Mas faz sentido que uma teoria tão simples e óbvia realmente funcione no mundo real? Bem, para responder a essa pergunta, um primeiro passo lógico poderia ser voltar no tempo e ver se uma estratégia disciplinada de comprar *bons negócios a preços irrisórios* daria certo no passado. Pudemos verificar que uma estratégia simples, de bom senso, de fato teria funcionado muito bem.

Durante um intervalo de 17 anos, entre 1988 e 2004, possuir uma carteira com aproximadamente 30 ações oferecendo a melhor combinação de alto retorno do capital e alto rendimento de resultado teria tido um retorno de *30,8%* por ano. Investindo a esse índice por 17 anos, *11 mil dólares teriam se transformado em bem mais de 1 milhão de dólares.*[1] (Para resultados mais recentes, consulte o Posfácio.) Claro que, para algumas pessoas, isso talvez não pareça um lucro muito grande. No entanto, deixe-me dizer, essas pessoas são basicamente doidas!

Durante esses mesmos 17 anos, a média geral de retorno do mercado ficou em torno de *12,3%* ao ano. Com esse índice, os *11 mil dólares* que mencionamos anteriormente ainda *teriam se transformado em impressionantes 79 mil dólares.* Embora sem dúvida esse valor seja expressivo, *1 milhão de dólares é ainda mais!* E você poderia ter ganhado esse 1 milhão de dólares *correndo muito menos risco* do que se investisse em ações tentando apenas igualar o retorno geral do mercado. Mais adiante, retomaremos essa questão.

Por enquanto, vamos somente nos concentrar em como a fórmula mágica foi elaborada. Assim, podemos começar a entender por que uma fórmula tão simples funciona e por que deve

---

[1] A base de dados especial usada para nossa fórmula mágica ("Point in Time", da Compustat) contém dados dos últimos 17 anos. Ela inclui informações exatas conhecidas pelos clientes da Compustat à época de cada compra de ações. Ao índice de 30,8%, durante 17 anos, 11 mil dólares teriam aumentado 96 vezes e se tornado $1,056,000 antes dos custos dos impostos e das transações.

continuar a funcionar por muitos anos ainda. Mais tarde, veremos passo a passo como aplicar essa fórmula mágica para encontrar hoje investimentos vencedores.

Mas tenha em mente que a mecânica não é a parte importante, já que o computador é que vai fazer a maior parte do trabalho. Como você leu no Capítulo 1, será sua fé na lógica inquestionável desta fórmula mágica que fará com que ela funcione para você no longo prazo. Portanto, vamos tentar entender como a fórmula mágica escolhe boas companhias a preços irrisórios.

A fórmula começa com uma relação das 3.500 maiores companhias cujas ações podem ser negociadas[2] em alguma das maiores bolsas de valores dos Estados Unidos.[3] Em seguida, atribui uma classificação a essas companhias que vai de um a 3.500, com base em seu retorno sobre o capital. A companhia cujo negócio teve o retorno mais alto sobre o capital tem o primeiro lugar, e a que mostrou o retorno mais baixo sobre o capital (provavelmente, uma empresa que de fato está perdendo dinheiro) é classificada em último lugar. Nesse sentido, a companhia que apresentasse o 232º melhor retorno sobre o capital, seria classificada no 232º lugar.

Depois disso, a fórmula segue o mesmo procedimento, mas desta vez a classificação é montada com base no rendimento de resultados. A companhia com o rendimento mais elevado fica em primeiro lugar e a que apresenta o rendimento mais baixo dentre as 3.500 fica em último. Nesse sentido, a companhia em 153º lugar em termos de rendimento de resultado ocupa a posição de número 153 da lista.

---

2 No Brasil, você pode pesquisar a lista de empresas com ações listadas na B3. Disponível em: http://www.b3.com.br/pt_br/produtos-e-servicos/negociacao/renda-variavel/empresas-listadas.htm. Acesso em: 16 jan. 2020.

3 Os detalhes desse teste são apresentados no Apêndice (certas ações e serviços públicos foram excluídos de nosso universo de ações).

Finalmente, a fórmula apenas combina as classificações. A fórmula não busca a companhia com o mais alto rendimento de resultado sobre o capital, nem a mais bem classificada em termos de retorno de capital. Em vez disso, *a fórmula busca as companhias com a melhor combinação desses dois fatores.* Assim, a companhia que ocupa a 232ª posição em termos de retorno de capital e a 153ª em rendimento de resultado recebe a pontuação composta = 385 (232 + 153). Se a empresa que fica em primeiro lugar em retorno de capital alcança somente a 1.150ª melhor posição em rendimento de resultado, ela recebe 1.151 (1.150 + 1) pontos no ranking gerado pela nossa fórmula.[4]

Se você não tem muita facilidade com números, não se preocupe. Basta lembrar que as companhias que recebem uma classificação composta melhor são as que têm a melhor *combinação* dos dois fatores. Nesse sistema, a companhia na posição 232 em retorno de capital poderia superar a que ocupa o primeiro lugar na mesma categoria. Por quê? Porque poderíamos comprar a companhia que tivesse o 232º melhor retorno sobre o capital (uma classificação excelente dentre 3.500 empresas) por um preço baixo o suficiente para nos proporcionar rendimento de resultado muito alto (o 153º preço mais baixo dentre 3.500 empresas). Obter uma classificação excelente nas duas categorias (embora não o primeiro lugar em nenhuma delas) é muito melhor, nesse sistema, do que ser a primeira num dos critérios e só possuir uma posição razoável no outro.

Bem simples, não é? Mas é importante que eu faça o alerta de que as coisas podem não ser assim tão fáceis! Será que uma carteira com 30 ou 60 ações dentre as mais bem classificadas

---

[4]. Portanto, 385 é uma classificação composta melhor.

consegue realmente render resultados tão bons para o investimento? Bom, pense nisso: dê uma olhada no retorno que teria obtido ao longo dos 17 anos de investimento se tivesse seguido a recomendação da fórmula mágica (consulte a Tabela 6.1).

Epa! Não pode ser. Os resultados são bons demais! Sem dúvida *deve* ter algo errado aqui. De fato, teremos de examinar esses resultados mais de perto, mas vamos deixar essa análise para o próximo capítulo. Por ora, podemos fazer um breve resumo do capítulo e passar mais algum tempo desfrutando os resultados da aplicação da fórmula mágica, pois parecem *bastante satisfatórios*.

Segue o nosso breve resumo:

1. Ben Graham tinha uma "fórmula mágica". Graham entendia que a compra que fosse capaz de cumprir com as estritas exigências de sua fórmula provavelmente seriam pechinchas criadas pelo sr. Mercado, que estaria praticamente entregando negócios a preços injustificadamente baixos.

2. Hoje, poucas companhias cumprem as estritas exigências estipuladas por Graham.

3. Elaboramos uma nova fórmula mágica para buscar e *achar boas companhias a preços irrisórios*.

4. A nova fórmula parece funcionar. De fato, parece que funciona bem demais.

5. Antes de investir cada moedinha que temos nessa fórmula mágica, provavelmente deveríamos analisar os resultados mais a fundo.

Tabela 6.1 Resultados da fórmula mágica

	Fórmula mágica	Média do mercado*	S&P 500
1988	27,1%	24,8%	16,6%
1989	44,6	18,0	31,7
1990	1,7	(16,1)	(3,1)
1991	70,6	45,6	30,5
1992	32,4	11,4	7,6
1993	17,2	15,9	10,1
1994	22,0	(4,5)	1,3
1995	34,0	29,1	37,6
1996	17,3	14,9	23,0
1997	40,4	16,8	33,4
1998	25,5	(2,0)	28,6
1999	53,0	36,1	21,0
2000	7,9	(16,8)	(9,1)
2001	69,6	11,5	(11,9)
2002	(4,0)	(24,2)	(22,1)
2003	79,9	68,8	28,7
2004	19,3	17,8	10,9
	30,8%	12,3%	12,4%

* Nota: o retorno da "média de mercado" é um índice igualmente ponderado de nosso universo de 3.500 ações. Cada ação do índice contribui igualmente para o retorno. O índice S&P 500 é um índice ponderado pelo mercado incluindo as 500 maiores ações. As ações maiores (aquelas com a mais alta capitalização de mercado) têm peso maior do que as ações menores.

Capítulo 7

Segundo Artemus Ward, um escritor do século XIX: "Não são as coisas que não sabemos que nos colocam em encrenca. São as coisas que pensamos que sabemos", só que não. Em suma, essa é a essência do nosso problema. A fórmula mágica parece que funciona. Na realidade, os resultados são tão bons que dificilmente são questionados. Afinal de contas, é claro, queremos que ela dê certo. Quem não gostaria de ganhar um montão de dinheiro sem fazer tanta força? Mas será que a fórmula mágica *realmente* funciona? Claro que todos os números parecem bons, mas sabemos de onde eles vêm? Ou mesmo com quem estiveram? E, ainda, o mais importante: sabemos para onde estão indo? Mesmo que a fórmula tenha funcionado no passado, será que estamos somente aprendendo a "lutar a *última* guerra"? Será que a fórmula continuará funcionando no futuro? Sem dúvida essas são boas perguntas. Antes que as teorias que aprendemos no Capítulo 6 nos metam em muita encrenca, vejamos se é possível dar boas respostas a essas perguntas.

Iniciamos perguntando de onde *vieram* todos esses números. Em geral, há um problema quando analisamos em retrospecto e fazemos suposições sobre o que poderia ter sido conquistado no passado. Enquanto uma fórmula computadorizada para escolher ações possa parecer ter gerado retornos teóricos espetaculares, repetir esses resultados no mundo real pode ser bastante difícil.

Por exemplo, a fórmula mágica pode acabar escolhendo companhias tão pequenas que apenas poucas pessoas teriam como efetivamente comprá-las.[1] Em geral, companhias pequenas contam com poucas ações disponíveis para compra e até mesmo uma pequena demanda por essas ações pode elevar seu preço. Se for esse o caso, a fórmula pode parecer ótima no papel, mas na vida real os resultados fantásticos não podem ser repetidos. Por isso é importante que as companhias escolhidas pela fórmula mágica sejam de grande porte.

No capítulo anterior, vimos que a fórmula mágica fez um ranking das 3.500 maiores companhias disponíveis para serem negociadas nas maiores bolsas de valores dos Estados Unidos. A fórmula então escolheu suas ações favoritas nesse grupo. Até mesmo as menores dentre essas 3.500 companhias tinham valor de mercado (número de ações vezes preço da ação) superior a 50 milhões de dólares.[2] Com companhias desse tamanho, os investidores individuais deveriam ser capazes de comprar um número razoável de ações sem forçar uma alta do preço.

Mas vejamos o que acontece quando elevamos um pouco o nível. Certamente seria bom se a fórmula mágica funcionasse para companhias grandes ou pequenas. Assim, poderíamos ter mais confiança no princípio básico de que comprar boas companhias a preços irrisórios funciona para companhias de qualquer tamanho. Assim, em vez de escolher dentre as 3.500 maiores companhias, vamos analisar apenas as 2.500 maiores. As menores companhias desse grupo têm valor de mercado de pelo menos 200 milhões de dólares.

No período de 17 anos encerrado em dezembro de 2004, a fórmula mágica funcionou notavelmente bem também para esse

---

[1] Lembrete: A fórmula mágica "escolhe sozinha" as ações de acordo com o ranking de Retorno sobre Capital e Rendimento do Lucro.

[2] Ver o Apêndice para mais detalhes.

grupo das companhias maiores. A carteira com 30 ações escolhidas pela fórmula mágica teria alcançado um retorno anual de 23,7%. Nesse mesmo período, o retorno da média de mercado para esse grupo foi de 12,4% por ano. Em outras palavras, a fórmula mágica praticamente dobrou o retorno anual da média do mercado.

Mas e se dermos mais um passo adiante? Olhando para o passado, podemos verificar o que aconteceu quando limitamos o grupo das companhias para somente as mil maiores, ou seja, aquelas cujo valor de mercado supera 1 bilhão de dólares. Até mesmo grandes investidores institucionais como fundos mútuos e os maiores fundos de pensão podem comprar essas ações. Bom, vamos dar uma olhada nelas. (Consulte a Tabela 7.11.)

Tabela 7.1 Resultados da fórmula mágica (1.000 maiores ações)

	Fórmula mágica	Média do mercado*	S&p 500
1988	29,4%	19,6%	16,6%
1989	30,0	27,6	31,7
1990	(6,0)	(7,1)	(3,1)
1991	51,5	34,4	30,5
1992	16,4	10,3	7,6
1993	0,5	14,4	10,1
1994	15,3	0,5	1,3
1995	55,9	31,4	37,6
1996	37,4	16,2	23,0
1997	41,0	19,6	33,4
1998	32,6	9,9	28,6
1999	14,4	35,1	21,0
2000	12,8	(14,5)	(9,1)
2001	38,2	(9,2)	(11,9)
2002	(25,3)	(22,7)	(22,1)

(continua)

(continuação)

	Fórmula mágica	Média do mercado*	S&p 500
2003	50,5	41,4	28,7
2004	27,6	17,3	10,9
	22,9%	11,7%	12,4%

* Nota: o retorno da "média de mercado" é uma média *igualmente ponderada* do nosso universo de mil ações. O índice S&P 500 é um índice *ponderado pelo mercado* de 500 grandes ações.

Mais uma vez, parece que mesmo os maiores investidores podem praticamente dobrar o retorno anual composto do mercado simplesmente adotando a fórmula mágica! Isso deve ser irreal, tem de existir alguma pegadinha aqui. É que parece fácil demais! E, é óbvio, ainda é possível que haja alguns problemas. No entanto, o fato de talvez ser uma fórmula mágica que só funciona no papel, mas não no mundo real, não é um deles.

Vamos em frente. Concluímos que as companhias escolhidas pela fórmula mágica não são pequenas demais para os investidores comprarem.

Então, será que a fórmula mágica talvez só tenha tido sorte com algumas boas escolhas de ações e é por isso que a média total parece tão boa? Se a fórmula mágica não continuar tendo sorte, pode ser perigoso seguir confiando nos resultados passados. Felizmente, é muito improvável que a sorte tenha influenciado em qualquer medida.

Durante os 17 anos do nosso estudo, nossa carteira teve cerca de 30 ações. Cada ação escolhida foi mantida por um ano.[3] No total, mais de 1.500 ações foram escolhidas para *cada* um dos testes (as 3.500 maiores ações, as 2.500 maiores ações e as mil maiores ações). Quando combinamos todos os nossos testes, eles

---

3 Consulte o Apêndice para mais detalhes.

são o resultado de mais de 4.500 escolhas de fórmulas mágicas. Portanto, seria muito difícil argumentar que, nesse caso, a sorte teve algum papel decisivo. Mas, de todo modo, *tem* de existir algum outro problema, certo?

Que tal este? Embora seja muito bom que a fórmula mágica possa encontrar 30 companhias que o sr. Mercado tenha decidido "jogar fora" a preços irrisórios, e se ela não puder encontrar? E se essas poucas pechinchas desaparecessem por algum motivo? E se o sr. Mercado simplesmente recuperasse um pouco o bom senso e parasse de nos oferecer essas barganhas inacreditáveis? Se isso acontecesse, realmente estaríamos sem sorte. Então, vamos fazer um pequeno experimento.

Começando com as 2.500 maiores companhias, e se as classificássemos de novo, usando a fórmula mágica? Em outras palavras e se as classificássemos de 1 a 2.500, da melhor para a pior? Lembre-se de que a fórmula busca companhias com a melhor combinação de alto retorno sobre o capital e alto rendimento de resultado. Portanto, as companhias que pareciam ter bons negócios disponíveis a preços irrisórios ficariam mais perto do número 1, ao passo que as que estivessem perdendo muito dinheiro e sendo ofertadas a preços elevados seriam classificadas mais perto de 2.500.

Agora, e se dividíssemos aquelas 2.500 companhias em dez grupos iguais com base em sua classificação? Em outras palavras, o Grupo 1 conteria as 250 companhias que a fórmula mágica considerasse boas empresas a preços irrisórios; o Grupo 2 seria o segundo colocado em termos dos 250 melhores negócios; o Grupo 3 seria o terceiro colocado, e assim por diante. O Grupo 10, portanto, seria aquele cujas ações a fórmula mágica teria classificado como as piores companhias, com os preços mais elevados.

Então, o que aconteceria se fizéssemos isso todos os meses, durante 17 anos? E se mantivéssemos cada uma dessas carteiras de ações (cada uma delas contendo cerca de 250 ações) por um ano e calculássemos os retornos? Bem, dê uma olhada no resultado na Tabela 7.2.

Caramba, isso é mesmo interessante. A fórmula mágica não funciona apenas para 30 ações. Ela parece funcionar *em ordem*. As ações mais bem classificadas têm o melhor desempenho e, conforme a classificação vai descendo, ocorre o mesmo com os retornos. O Grupo 1 bate o Grupo 2; este bate o Grupo 3, que bate o Grupo 4, e assim por diante, um Grupo depois do outro, do 1 a 10, e nossas melhores ações (as do Grupo 1) batem as de pior classificação (Grupo 10) por mais de 15% a ano. Isso é de fato incrível!

Tabela 7.2 Retorno anual (1988-2004)

Grupo 1	17,9%
Grupo 2	15,6
Grupo 3	14,8
Grupo 4	14,2
Grupo 5	14,1
Grupo 6	12,7
Grupo 7	11,3
Grupo 8	10,1
Grupo 9	5,2
Grupo 10	2,5

De fato, parece que a fórmula mágica pode prever o futuro! Se soubermos como um grupo de companhias é classificado pela fórmula mágica, teremos uma ideia bem razoável de qual será o desempenho médio desse grupo como investimento de futuro. Isso também quer dizer que se, por algum motivo, não pudermos comprar as 30 melhores ações conforme a classificação da fórmula mágica, não tem importância. Comprar as 30 melhores do grupo que vem em segundo lugar também será um bom negócio, assim como as 30 seguintes. Na realidade, parece que o grupo todo das mais bem classificadas tem bom desempenho.

Isso deve solucionar igualmente um dos nossos outros possíveis problemas. Você lembra que Ben Graham tinha sua própria "fórmula mágica"? Comprar um grupo de ações que pudesse cumprir os requisitos estritos da fórmula de Graham era uma excelente maneira de ganhar dinheiro. Infelizmente, no mercado de hoje, são poucas as companhias que se qualificam para serem compradas de acordo com a fórmula original de Graham, o que quer dizer que ela já não é tão proveitosa quanto foi. Felizmente, nossa fórmula mágica não parece sofrer desse problema. E não só isso: como ela parece agir segundo uma ordem, não estamos limitados apenas às 30 primeiras ações. Como todo o grupo das ações mais bem classificadas tem bom desempenho, sempre existirá uma enorme gama de ações de alta performance para escolhermos.

Para quem estiver fazendo contas em cima do muro, a impressão é de que a fórmula mágica está indo bastante bem. Veja só. Essa história de "classificar as ações" em ordem, uau, chega a dar medo. Tudo bem ficar argumentando a favor e contra a fórmula mágica *realmente* funcionar, já está na cara quem é que vai vencer essa batalha. Que tal apenas parar de brigar agora, antes que alguém se machuque?

Mas é melhor irmos com calma. Claro que as evidências são bem convincentes, mas o que isso significa mesmo é que a fórmula mágica deu certo no passado. Agora, como saber se ela continuará dando certo no futuro? Afinal, já que eu sou tão fofoqueiro, por que as pessoas não começam a usá-la então? Isso não acabaria com toda essa falação?

Bem, vamos continuar, depois de lermos o resumo deste capítulo...

1. A fórmula mágica funciona para companhias grandes ou pequenas.

2. A fórmula mágica foi extensamente testada. Os grandes retornos não parecem ser uma questão de sorte.

3. A fórmula mágica classifica as ações *em ordem*. Como resultado, sempre existirão muitas ações de alta classificação para escolher. A fórmula mágica tem sido um indicador incrivelmente preciso de qual será o desempenho de um grupo de ações no futuro.

4. No próximo capítulo, teremos de discutir se a fórmula mágica pode continuar a render resultados tão bons (o que seria ótimo!).

Capítulo 8

Confesso, meu conhecimento de História é um tanto impreciso. Acho que devia ter prestado mais atenção nas aulas, mas mesmo entendendo pouco do assunto, há uma parte da História dos Estados Unidos que sempre me deixou perplexo. Nunca consegui entender realmente como foi que vencemos a Guerra de Independência. Ali estávamos nós, treze pequenas colônias, enfrentando o país mais poderoso do mundo. A Inglaterra tinha a melhor Marinha, o Exército mais poderoso, a maior quantidade de dinheiro e, no entanto, lá fomos nós, aquele grupinho de soldados maltrapilhos, arrancar-lhes a vitória! Como foi que isso aconteceu? Bom, tenho a minha teoria. Dada a limitação do meu conhecimento, não sei se a minha teoria foi estudada em alguma medida, mas o que me parece é que vencemos porque estávamos combatendo um bando de completos idiotas!

Afinal de contas, a estratégia da Inglaterra deixou muito a desejar. De um lado, estavam os soldados britânicos, totalmente expostos, perfeitamente enfileirados, com seus uniformes vermelho vivo e disparando todos ao mesmo tempo! Com certeza, essa foi uma boa cena. Do outro lado, estavam os nossos rapazes, um amontoado desorganizado de soldados em mau estado, escondendo-se atrás de rochas e árvores, devolvendo os disparos contra alvos vermelhos, organizados com perfeição. Até aqui nada me surpreende por termos ganhado!

Mas tem outra parte da História que eu não entendo. Não consigo imaginar que essa tenha sido a primeira vez que os britânicos tenham lutado daquela maneira. Em outras palavras, apesar do que eu penso, o modo britânico de combater deve realmente ter dado certo no passado. Minha única pergunta é "como?". Pelo que sei, eles adotavam esse mesmo procedimento há centenas de anos e, aparentemente, fazendo sentido ou não, com alto nível de sucesso. Porém, seguir a mesma estratégia que tinha funcionado tão bem antes não funcionou bem para sempre, e os britânicos acabaram descobrindo isso a duras penas.

E quanto a nós? Estamos prestes a entrar em ação, armados com o que parece ser uma ótima estratégia. Temos uma fórmula mágica que faz sentido e que, no passado, redundou em resultados fenomenais. E *esperamos* ter muito sucesso com ela no futuro, mas, antes de começarmos as preparações para ir buscar nosso dinheiro, é melhor pararmos para pensar num problema óbvio: como é que a nossa estratégia pode continuar dando certo depois que todo mundo ficar sabendo dela? Se não pudermos encontrar uma boa resposta, é possível que, assim como os britânicos, nos tornemos só mais um alvo fácil.

Bom, em primeiro lugar, aqui vão algumas ótimas notícias. Como notamos, em muitas ocasiões a fórmula mágica não funciona de jeito nenhum! Não é uma maravilha? Na verdade, em média, em cinco meses do ano a carteira da fórmula mágica tem desempenho pior do que o mercado em geral. Mas deixemos essa informação de lado. Há ainda outro fato a considerar: é bastante comum que a fórmula mágica não funcione durante um ano inteiro ou por mais tempo que isso. Ainda mais empolgante, não é mesmo?

Imagine comprar um livro que lhe diz para investir dinheiro de verdade num grupo de ações cujos nomes foram dados por um computador. Agora, imagine acompanhar atentamente o desempenho dessas ações todo dia, enquanto vão tendo rendimento pior do que a média do mercado ao longo de muitos meses ou até mesmo anos. Agora, imagine ter chegado ao ponto de dizer que já chega. Basta de confiar no livro idiota e no computador sem noção. Bem, agora você vai arregaçar as mangas e investigar as companhias que comprou e as perspectivas de futuro dos negócios que de fato possui. A seguir, imagine o horror ao se dar conta de que, se tivesse investigado minimamente essas companhias uns minutinhos antes de comprar as ações, você não teria fechado alguns daqueles negócios de maneira nenhuma.

Finalmente, apesar do péssimo desempenho e das perspectivas desanimadoras das ações que você possui, imagine que você vai ter que se comprometer a seguir os conselhos do livrinho idiota e do computador sem noção!

E por que se preocupar com todos esses poréns? Afinal de contas, já sabemos que a fórmula mágica funciona. Provamos que sim no capítulo anterior! Como tudo vai dar certo no final, então você não precisa se preocupar com os meses ou anos de mau desempenho. E, embora essa frase de consolo pareça estar certa, infelizmente, olhando as estatísticas somente para seu período bem-sucedido de teste de 17 anos, conseguimos notar que de fato há muito mesmo com que se preocupar.

A carteira montada pela fórmula mágica teve um desempenho relativamente ruim no comparativo com as médias do mercado em cinco dos 17 intervalos de 12 meses testados. Se recortarmos os períodos de um ano completo, a fórmula mágica deixou de bater as médias do mercado uma vez a cada quatro anos.[1] Para um dentre cada seis períodos testados, a fórmula mágica teve mau desempenho por mais de dois anos seguidos. Durante aqueles 17 maravilhosos anos para a fórmula mágica, houve até alguns períodos em que a fórmula se saiu pior do que o mercado em geral por três anos seguidos!

---

[1] Os retornos anuais foram calculados de janeiro de 1988 a janeiro de 1989, de fevereiro de 1988 a fevereiro de 1989 e assim por diante, até o final de 2004. No total, foram examinados 193 períodos de um ano separados.

Pensa que é fácil se agarrar a uma fórmula que não mostra bons resultados por anos e anos? Você acha que no geral as pessoas reagem dizendo: "Acho que isto não tem dado certo há muito tempo, sei que já perdi um monte de dinheiro, vamos em frente que uma hora funciona?". Garanto a você que não é bem assim.

Vamos pegar, por exemplo, o caso do autor de um livro de investimento que é recorde de vendas. Para fazer esse livro, o autor testou dezenas de fórmulas de escolha de ações, usadas por várias décadas, a fim de determinar quais dessas estratégias bateram o mercado no longo prazo. O livro era excelente e bem argumentado. O autor então abriu um *fundo mútuo* baseado na compra daquelas ações escolhidas pela fórmula mais bem-sucedida dentre as muitas que ele testou.

Então, o fundo passou a ter um desempenho pior do que as maiores médias de mercado durante os dois primeiros anos dos três de sua existência. Em um deles, o fundo teve rendimento 25% pior do que o do mercado! Após três anos, o fundo estava se saindo pior na comparação com outros, e aquele autor famoso – o sujeito que tinha feito os testes e escrito o livro – decidiu vender sua companhia de gestão de fundos. Bem, para dizer a verdade, não penso que o autor tenha desistido de sua fórmula, mas obviamente ele enxergou oportunidades melhores em outra parte! Se soubesse que aquele mesmo fundo, que tinha sido administrado estritamente de acordo com a fórmula que ele havia criado, daria a volta por cima após três anos para se tornar um dos fundos mútuos de mais alto desempenho desde que fora montado (incluindo até os primeiros anos de tantas dificuldades), talvez ele tivesse se mantido firme por mais tempo!

E é importante notar que isso não é incomum. A imprevisibilidade do humor do sr. Mercado e a pressão de competir com outros gestores financeiros podem realmente tornar difícil seguir fiel a uma estratégia que não dá certo durante vários anos. Isso vale para qualquer estratégia, por mais sensata que seja e independentemente de o histórico no longo prazo ser bom. Vejamos a experiência de um bom amigo meu que, por acaso, é o "gestor financeiro mais inteligente que eu conheço". Embora não compre automaticamente as ações que a fórmula do computador indica, ele de fato segue uma estratégia disciplinada de escolha de só comprar de companhias que estejam na lista que a fórmula classifica como as melhores.

Por dez anos ele usou com muito sucesso essa estratégia na empresa de investimento em que trabalhava, e há nove ele partiu para montar seu próprio empreendimento de gestão financeira, usando os mesmos princípios básicos. Nos três ou quatro primeiros anos o negócio não resultou tão bem, e a mesma estratégia tão bem-sucedida no passado acabou por ter um desempenho drasticamente aquém do esperado no comparativo com o retorno proporcionado pela concorrência e pelas maiores médias de mercado. Apesar disso, o "gestor financeiro mais inteligente que eu conheço" continuou acreditando firmemente que sua estratégia ainda fazia todo o sentido no longo prazo e que ele devia continuar seguindo o mesmo curso de sempre. Infelizmente, seus clientes discordaram. A vasta maioria deles saiu correndo, tirando altas quantias de dinheiro das mãos do meu amigo muito provavelmente para entregá-las a um gestor que "soubesse o que estava fazendo".

Como você já deve estar imaginando, sim, aqueles investidores deveriam ter aguentado mais tempo, pois os últimos cinco ou seis anos têm sido tão bons para o meu amigo e sua estratégia que agora o histórico de investimentos de sua firma desde que foi aberta (novamente incluindo os primeiros anos de dificuldades) vem dando uma surra no retorno das maiores médias de mercado no mesmo período. Hoje em dia, inclusive, se destaca em meio a um grupo muito pequeno de firmas com um histórico extraordinário de investimentos dentre as milhares de empresas congêneres que operam em Wall Street. E comprovando que boas coisas de fato acontecem para quem sabe esperar, a firma do meu amigo atualmente gerencia mais de 10 bilhões de dólares, para centenas de clientes. Mas é uma pena pensar que, diante dos vários anos de desempenho deixando a desejar, a maioria preferiu não esperar. Dos clientes que começaram com ele, apenas quatro tiveram paciência e seguiram em frente. Por sorte sou um deles! (Embora, por ser amigo, provavelmente eu tivesse de aguentar firme).

Então, qual é o X da questão? O fato é que, se a fórmula mágica funcionasse o tempo todo, todo mundo provavelmente a adotaria e, se isso acontecesse, provavelmente ela deixaria de dar certo. Pois, se um número tão grande de pessoas começasse a comprar a preços irrisórios as ações escolhidas pela fórmula mágica, o preço dessas ações seria forçado a subir quase imediatamente. Em outras palavras, se todo mundo usasse a fórmula, as pechinchas iriam desaparecer e a fórmula mágica estaria automaticamente destruída!

É por isso que temos a grande sorte de a fórmula mágica não ser espetacular. Ela não funciona o tempo todo. Aliás, pode não funcionar durante anos. E a maioria dos investidores simplesmente não vai esperar tanto tempo, porque o *horizonte de tempo de investimento* dessas pessoas é curto demais. Se uma estratégia funciona no longo prazo (quer dizer, às vezes leva três, quatro ou até cinco anos para exibir resultado), a maioria não vai se manter fiel. Depois de um ou dois anos de desempenho pior do que as médias de mercado (ou, em outras palavras, ganhando menos do que os amigos), a maioria vai em busca de uma nova estratégia – em geral, aquela que *tenha* tido bom desempenho nos últimos anos. Até mesmo gestores financeiros profissionais que *acreditam* que a estratégia vai funcionar no longo prazo têm dificuldade para se manter firmes. Depois de alguns anos de desempenho insuficiente diante do mercado ou da concorrência, a vasta maioria dos clientes simplesmente vai embora! É por isso que é difícil manter em pé uma estratégia que não acompanha a adotada por todo mundo. Como gestor profissional de investimentos, se você se sai mal enquanto todo mundo está indo de vento em popa, você corre o risco de perder todos os seus clientes e, possivelmente, seu emprego!

Muitos gestores acham que o único jeito de evitar o risco da crescente perda de clientes é investindo da mesma maneira que todo mundo faz. Em geral, isso se resume na compra de ações das companhias mais populares, normalmente aquelas cujas perspectivas de futuro se destaquem como as mais promissoras nos próximos trimestres, um ou dois anos.

Talvez agora você esteja começando a entender por que *não* é todo mundo que vai usar a fórmula mágica. Embora alguns recorram a ela para experimentar, a maioria dos investidores não seguirá com essa estratégia por mais do que apenas alguns meses ou anos de baixo desempenho. Como já vimos no Capítulo 1, você também está começando a entender por que é tão importante toda aquela história de ter de *acreditar* no conceito apresentado neste livro. Se você não acreditar que a fórmula mágica funcionará no seu caso, o mais provável é que desista antes que ela tenha chance de dar certo! Pelo menos, é nesse sentido que a estatística desse período de 17 anos parece apontar. A fórmula mágica funciona – temos retornos anuais de longo prazo que são o dobro ou o triplo, em alguns casos, dos retornos das médias de mercado; o fato é que esses bons retornos podem ocorrer agrupados. Em intervalos mais curtos, ela pode ou não funcionar, não há muitas garantias. Quando se trata da fórmula mágica, períodos "mais curtos" podem significar anos, não dias ou meses. De um modo estranho, mas lógico, isso é bom.

Quer dizer, é bom se você acreditar na fórmula mágica o suficiente para se manter fiel a ela no longo prazo. Porém, para que você mantenha a crença em uma estratégia que pode não funcionar por anos e anos, você vai precisar acreditar nela de verdade, do fundo do coração. Sem dúvida, o histórico espetacular da fórmula mágica pode ajudar nessa jornada, mas vamos ver o que o seu coração lhe diz quando estiver lendo o próximo capítulo.

Breve resumo:

1. A fórmula mágica parece funcionar bem no longo prazo.

2. A fórmula mágica, em geral, não funciona durante vários anos seguidos.

3. A maioria dos investidores não se manterá fiel a uma estratégia que não vem funcionando há vários anos seguidos – ou simplesmente não poderá fazê-lo.

4. Para que a fórmula mágica dê certo no seu caso, você tem de acreditar que ela vai funcionar e manter um horizonte de investimento de longo prazo.

5. Se não fosse por este capítulo, o próximo seria o mais importante o livro.

Capítulo 9

Para acreditarmos que a fórmula mágica vai nos proporcionar lucros no longo prazo, os princípios que a embasam devem parecer não somente sensatos e lógicos como também atemporais. Caso contrário, não há como conseguirmos nos manter firmes quando nossos resultados no curto prazo não nos favorecerem. Por mais simples que isso pareça, *saber* que dois mais dois sempre dão quatro pode ser um conceito bastante poderoso. Mesmo que muitas pessoas tenham crenças diferentes das nossas, mesmo que tentem por anos e anos nos convencer de que estão certas e mesmo que elas pareçam muito inteligentes, é bem improvável que duvidemos de nossas convicções mais sólidas. Nesse mesmo sentido, é o nosso nível de confiança na fórmula mágica que determinará se conseguiremos ou não nos manter fiéis a uma estratégia que pode ser igualmente impopular e malsucedida por períodos de tempo aparentemente longos.

Então, o que há na fórmula mágica que faz sentido – tanto sentido, aliás, a ponto de sequer vacilarmos quando as coisas não nos favorecerem? Bem, vamos aprofundar um pouco nessa questão.

A fórmula mágica escolhe companhias por meio de um sistema de classificação. Aquelas que têm tanto um alto retorno sobre o capital como altos resultados de rendimento são as que a fórmula considera melhores. Em termos mais simples, a fórmula nos ajuda de modo sistemático a achar as companhias *acima da média* que podemos comprar a preços *abaixo da média*.

Sem dúvida, isso parece lógico e sensato. Se de fato é isso que estamos realmente fazendo, também parece uma estratégia na qual podemos mesmo acreditar. Assim, vejamos passo a passo se essa teoria é mesmo verdade ou não.

Em primeiro lugar, por que as companhias que têm alto retorno sobre o capital são tão especiais? Que tipo de companhia a nossa fórmula recomenda a compra? O que faz com que estejam acima da média? Para entender as respostas a essas perguntas, vamos dar alguns passos para trás e voltar ao nosso velho amigo Jason.

No último ano, como você vai se lembrar, o negócio de Jason teve um desempenho muito bom. Cada uma de suas lojas lucrou 200 mil dólares. Como ele só precisou investir 400 mil dólares para montar uma loja (incluindo estoque, vitrines etc.), isso significou que seu retorno sobre o capital para abrir uma loja de gomas de mascar foi de impressionantes 50% (200 mil dólares divididos por 400 mil dólares). O que isso significa?

A maioria das pessoas e dos negócios não consegue encontrar um investimento que ganhe 50% de retorno anual. Se o último ano serve de bom indicador e se a companhia de Jason pode realmente lucrar 50% ao ano simplesmente abrindo outra loja, isso faz com que o negócio de Jason seja bastante especial. Pense nisso. É bastante raro ter a oportunidade de investir seu dinheiro e lucrar 50% do valor. Embora seja verdade que não há garantia de que as novas lojas de Jason (ou as antigas) continuarão a obter retornos de 50% por ano em cima de seu custo original, os elevados retornos do último ano podem ser um bom indicador da oportunidade de ganhar altos retornos ao investir no mesmo negócio no futuro.

Bem, se isso for verdade e a rede de Jason de fato puder continuar a obter retornos elevados com seus investimentos em lojas novas e antigas, essa é uma boa notícia para Jason. Em primeiro lugar, isso pode significar que os lucros com o negócio de Jason não precisam se limitar a ele. Embora a rede de Jason possa pegar esses lucros e investir num título da dívida do governo pagando 6% ao ano, ele tem uma opção muito melhor. A companhia pode usar esse lucro e investi-lo numa nova loja. Portanto, não somente o investimento original na primeira loja continuará rendendo 50% ao ano, como as lojas de Jason têm a chance de investir os *lucros* da primeira loja num novo estabelecimento que também pode ganhar 50% ao ano!

E essa oportunidade de investir lucros com altos índices de retorno é muito valiosa. Por exemplo, se a rede de Jason lucrou 200 mil dólares no último ano, Jason tem algumas opções. Uma opção é distribuir esse dinheiro entre os acionistas do negócio (depois, os acionistas podem investir esse dinheiro do jeito que quiserem). Se o negócio não mudar no ano seguinte, as lojas de Jason irão ganhar 200 mil dólares de novo, e esse será um belo resultado.

Mas se, em vez disso, a rede de Jason pegar o lucro de 200 mil dólares e investir em títulos da dívida do governo pagando 6% (3,6% depois dos impostos a um índice de 40%), o negócio ganhará 207.200 dólares no próximo ano (200 mil dólares da loja e 7.200 dólares do juro desse título depois dos impostos). Embora esse lucro seja mais alto do que o do ano anterior, o índice de crescimento dos lucros não será grande coisa.

Mas é aqui que entra em cena o dinheiro grosso. Se Jason pegar os mesmos 200 mil dólares e puder investir numa nova loja que ganhe 50% de retorno anual,[1] os lucros da rede serão de 300 mil dólares no próximo ano (200 mil da loja original e mais 100 mil do investimento na loja nova). Partir de 200 mil dólares no último ano e chegar a 300 mil dólares no próximo ano representa um índice de crescimento dos lucros da ordem de 50% em um ano!

---

[1] Vamos supor, neste exemplo, que podemos investir em meia loja (embora uma nova custe 400 mil dólares).

Em outras palavras, *ser dono de um negócio que tem a oportunidade de investir uma parte dos lucros – ou todo ele – com alto índice de retorno pode contribuir para um crescimento dos lucros num índice também muito alto!*

Desse modo, sabemos agora duas coisas importantes sobre negócios capazes de gerar alto retorno sobre o capital. A primeira é que os negócios desse tipo também podem ter a oportunidade de investir seu lucro com altos índices de retorno. E, como a maioria das pessoas e dos negócios pode investir seu dinheiro apenas com índices de retorno médios, essa oportunidade merece destaque. A segunda, como acabamos de ver, é que a possibilidade de ganhar um alto retorno sobre o capital também pode contribuir para um alto índice de crescimento dos lucros. Certamente essa é uma boa notícia para as companhias escolhidas pela fórmula mágica. No entanto, isso ainda nos deixa com uma pergunta óbvia: se um negócio como o de Jason consegue realmente lucrar 50% ao ano abrindo uma loja de gomas de mascar, por que mais pessoas não enxergam isso e não começam a abrir suas próprias lojas do ramo?

Isso representaria mais competição para a rede de Jason. E mais concorrência pode significar uma diminuição nas vendas de *cada uma* das lojas de Jason. Mais concorrência também pode significar que Jason vai ter de baixar seus preços para atrair novas vendas. Mais concorrência ainda pode representar a possibilidade da existência de um negócio melhor que o de Jason no mesmo segmento. Em resumo, mais concorrência poderia indicar lucros menores no futuro para a empresa de Jason.

De fato, é assim que funciona o nosso sistema *capitalista*. Bons negócios atraem a concorrência. Mesmo que novas lojas no ramo das gomas de mascar sejam abertas e que o retorno sobre o capital da abertura de uma nova loja do Jason caia para 40%, a ameaça ao lucro futuro pode não parar por aí. Ganhar 40% ao ano com uma loja do ramo ainda é bastante bom. Alguém pode achar que esses 40% de retorno anual com a abertura de uma loja de gomas de mascar ainda é um negócio muito atraente e decidir abrir sua própria loja do gênero. Então, diante de uma concorrência cada vez maior, o lucro com uma loja nova pode cair para 30%. Mesmo assim, porém, a iniciativa privada pode não se deter. Ganhar 30% ao ano sobre um investimento ainda é bom. Mais lojistas poderiam continuar a impor uma diminuição no lucro futuro com o capital investido em novas lojas e nas antigas, já em funcionamento. Essa história toda de capitalismo poderia resultar em uma contínua redução nos lucros até que o ganho sobre o capital usado para ter lojas de gomas de mascar deixe de ser espetacular.

Contudo, há este aspecto: se o capitalismo é um sistema tão duro, como é que, para início de conversa, a fórmula mágica consegue encontrar para nós companhias capazes de obter alto retorno sobre o capital? Para obter um alto retorno sobre o capital, mesmo que seja por um ano, é provável que – ao menos temporariamente – haja algo de especial no negócio dessa companhia, certo? Do contrário, a concorrência já teria obrigado a uma baixa significativa do retorno sobre o capital.

Pode ser que essa companhia tenha um conceito relativamente novo de negócio (uma loja de doces que só vende gomas de mascar, talvez), um novo produto (como um *videogame* sensacional), um produto melhor (por exemplo, um *smartphone* com bateria que dura meses), um bom nome de marca (as pessoas vão gostar de pagar mais por uma Coca-Cola do que pelo refrigerante do Joe, por isso a Coca-Cola pode cobrar mais do que o refri do Joe e continuar obtendo um alto retorno sobre o capital, apesar de toda a concorrência), ou a companhia pode ter uma posição competitiva muito forte (o eBay, por exemplo, foi um dos primeiros sites de leilão online e tem mais compradores e mais vendedores do que qualquer outro, de modo que é difícil para novos sites de leilão oferecerem os mesmos benefícios aos clientes).

Em suma, *as companhias que obtêm alto retorno sobre o capital provavelmente contam com algum tipo de vantagem especial que impede que a concorrência destrua sua capacidade de gerar lucros acima da média.*

Os negócios que não contam com esse fator especial (novos ou melhores produtos, uma marca bem consolidada ou ainda uma posição competitiva forte) provavelmente conseguirão gerar retornos apenas médios ou abaixo da média. Se não há nada especial no negócio de uma companhia, ela corre sério risco de ganhar algum concorrente que atue melhor no mesmo mercado. Se um negócio está rendendo um alto retorno sobre o capital, mas num ramo de fácil concorrência, então é só uma questão de tempo até que alguém entre em cena! Essa competição seguirá viva até que o retorno sobre o capital seja forçado a ficar menor e só alcance níveis médios.

Todavia, a fórmula mágica não escolhe companhias com retorno médio sobre o capital, nem escolhe as de retorno abaixo da média. (Negócios como a loja Só Brócolis dificilmente geram um alto retorno sobre o capital, mesmo que por um único ano!)

Com isso, *eliminando as companhias com retorno sobre o capital ruim ou apenas comum, a fórmula mágica começa com um grupo de companhias que oferecem alto retorno.*

Sem dúvida, algumas companhias escolhidas pela fórmula mágica não conseguirão sustentar seus altos índices de retorno sobre o capital. Como acabamos de verificar, os negócios com alto retorno sobre o capital tendem a atrair a concorrência. Além disso, mesmo negócios medíocres podem ter um ou dois anos muito bons e, por um tempo, gerar alto retorno sobre o capital.

Na média, porém, as companhias de alto retorno sobre o capital escolhidas pela fórmula mágica têm maior probabilidade de ter oportunidades de reinvestir uma parte de seus lucros também com altos índices de retorno. Além disso, têm maior probabilidade de ter capacidade de obter altos índices de crescimento dos lucros. E, por fim, também são mais propensas a contar com algum tipo de vantagem competitiva que lhes permitirá continuar gerando retornos acima da média sobre o capital. *Em outras palavras, na média, a fórmula mágica encontra boas companhias para nós!*

E o que a fórmula mágica faz com esse grupo de boas companhias?

Tenta comprá-las a preços irrisórios!

A fórmula escolhe apenas boas companhias que também têm alto resultado de rendimentos. Isso significa que a fórmula comprará somente as companhias que ganham muito em comparação com o preço que estamos pagando.

Humm... pensando bem, comprar *companhias acima da média por preços abaixo da média* parece que pode dar certo! Mas o que a sua intuição lhe diz a respeito disso?

Breve resumo:

1. A maioria das pessoas e dos negócios não consegue encontrar investimentos com índices de retorno muito altos. Portanto, uma companhia capaz de ganhar um alto retorno sobre o capital é muito especial.

2. As companhias que rendem um alto retorno sobre o capital também podem ter a oportunidade de investir uma parte de seus lucros – ou todo ele – com alto índice de retorno. Essa é uma oportunidade muito valiosa e pode contribuir para um alto índice de crescimento dos lucros.

3. As companhias que obtêm alto retorno sobre o capital são propensas a ter alguma espécie de vantagem especial que impede que a concorrência destrua sua capacidade de gerar lucros acima da média.

4. A fórmula mágica elimina as companhias que têm um retorno comum ou insatisfatório sobre o capital, escolhe um grupo de companhias de alto retorno sobre o capital e depois, tenta comprá-las a preços irrisórios.

5. Como a fórmula mágica faz bastante sentido, deveríamos ser capazes de nos manter fiéis a ela não só nas boas fases, mas também nas más.

Capítulo 10

Eu adoro velejar, apesar de não ser muito bom nisso.

E tenho consciência de que não sou bom não só pelo fato de minha esposa e meus filhos terem medo de sair para velejar comigo, mas também por penosas experiências próprias. Certa vez, por causa de um pequeno erro de cálculo do vento e da velocidade da água, ficamos a meros seis metros de uma colisão com uma barcaça do tamanho de pelo menos três campos de futebol americano. Lembro disso muito bem porque minha esposa (que detesta navegar) estava a bordo comigo enquanto eu tentava dar a partida no meu motorzinho de popa de cinco cavalos/vapor (a porcaria nunca funciona quando você realmente precisa dele) e a barcaça soava a sirene de alerta máximo para que eu desse o fora dali.

Normalmente, os veleiros têm precedência em relação a barcos motorizados, mas, como barcaças de 4 bilhões de quilos não conseguem manobrar com rapidez, em casos como aquele, a questão da precedência se inverte (o que é bom de ter em mente, se um dia você passar por algo parecido).

Então ali estava eu, puxando repetidamente aquela cordinha imprestável que aciona o motor, tentando me comportar como se estivesse no controle da situação (de modo que as últimas palavras da minha esposa não fossem "eu odeio este veleiro!"), quando um sopro de vento finalmente nos ajudou a evitar o pior.

Estou contando esse episódio não porque eu goste de velejar sozinho. Na realidade, gosto de ter companhia (de preferência gente cega ou cheia de coragem). Estou relembrando esse acontecimento porque, embora evidentemente eu não seja um bom navegador, ainda assim eu adoro velejar. E é desse jeito que muitas pessoas se sentem quando se trata de investir na bolsa de valores. Elas podem não ser particularmente boas nisso, mas existe algo nesse processo ou nessa experiência que elas gostam de desfrutar.

Sendo assim, para algumas delas, investir usando uma fórmula mágica pode roubar um pouco da diversão. E eu entendo isso. Também há pessoas que são boas ou podem ser boas para escolher ações individuais – sem o auxílio de uma fórmula mágica. Tudo bem também. O próximo capítulo deverá dar aos dois grupos uma ideia do que precisarão saber se quiserem ter sucesso na escolha de ações por si mesmos. E também deve mostrar a ambos como os *princípios* da base da fórmula mágica ainda assim podem ser usados para nortear decisões individuais de investimento. Mas, antes de pensar se é melhor investir com ou sem a nossa fórmula mágica, ainda há mais algumas coisas que você precisa saber.

A primeira delas é que a fórmula mágica tem um histórico de desempenho melhor do que eu tenho explicitado. E não revelei essa boa notícia antes por um simples motivo: um bom histórico de desempenho não é a razão pela qual você terá bons resultados no futuro. E também não deve ser o motivo pelo qual você vai continuar adotando a fórmula, mesmo quando os resultados não forem satisfatórios. A verdade é que um bom histórico de desempenho só ajuda quando você compreende *por que* ele é tão bom. Agora que você já entende – simplesmente porque *a fórmula mágica faz todo o sentido* –, posso confiar que não vai se deixar levar por mais algumas boas notícias.

Como você vai sempre ter em mente, a fórmula mágica foi testada por um período de 17 anos. Uma carteira de aproximadamente

30 ações escolhidas pela fórmula mágica foi mantida a mesma durante esse tempo, e cada ação individual foi mantida por um ano. Então, o desempenho desses títulos foi mensurado ao longo de 193 períodos anuais isolados.[1] As carteiras de ações escolhidas pela fórmula mágica normalmente batem as médias de mercado, mas houve períodos de um, dois e até três anos em que isso não aconteceu. Desse modo, passamos pela fase de risco de os investidores desistirem da fórmula antes que ela tivesse chance de operar sua magia.

Como já dissemos, durante períodos de um ano, as carteiras de ações montadas pela fórmula mágica tiveram desempenho pior do que as médias de mercado em um de cada quatro anos estudados. Acompanhando a fórmula durante dois anos seguidos (começando em qualquer mês dos 17 anos), viu-se que seu desempenho ficou abaixo das médias de mercado durante um dentre cada seis períodos testados. Lembre-se que, embora isso possa não parecer assim tão ruim, um desempenho aquém do esperado por dois anos seguidos é bastante difícil de aguentar! Mas aqui é que entra a boa notícia. Adotar a fórmula por três anos seguidos, em qualquer período, mostrou que ela bateu as médias de mercado em *95% do tempo* (em 160 dos 169 períodos de três anos testados!).[2]

Porém, isso não é tudo. Se os investidores tivessem acompanhado a fórmula mágica por períodos de três anos, eles *nunca* teriam perdido dinheiro. É isso mesmo. Sendo fiel à fórmula mágica por qualquer período de três anos durante esses 17 anos, o ganho

---

[1] O desempenho foi medido de janeiro de 1988 a janeiro de 1989; de fevereiro de 1988 a fevereiro de 1989; de março de 1988 a março de 1989, e assim por diante por outros 193 períodos de um ano que terminaram em 31 de dezembro de 2004. Geralmente se chama esse método de 193 *períodos de rolamento*. Mensurar períodos de rolamento de três anos significaria medir o desempenho de janeiro de 1988 a janeiro de 1991, de fevereiro de 1988 a fevereiro de 1991, e assim por diante.

[2] Em outras palavras, durante nosso período de teste de 17 anos, as carteiras da fórmula mágica *ainda* eram lucrativas, mesmo quando *não* batiam o mercado.

de dinheiro é certo por 100% do tempo (em 169 dos 169 triênios). Dos 169 triênios separados, o *pior* retorno da fórmula mágica foi um *lucro de 11%*. O *pior* retorno de um triênio para as médias de mercado foi uma *perda de 46%*. Essa é uma diferença enorme!

Mas ainda não acabou. Todos esses números que você acabou de ler basearam-se em resultados alcançados pela escolha de somente as mil maiores ações (aquelas com valor de mercado superior a 1 bilhão de dólares). Os resultados de uma escolha entre as 3.500 maiores ações (com valor de mercado superior a 50 milhões de dólares), um grupo de ações que os investidores individuais geralmente compram, foram ainda melhores. *Todos* os períodos de três anos testados (169 em 169) foram positivos para as carteiras da fórmula mágica, e, de novo, *todos* os triênios *bateram* as médias de mercado (169 em 169). É isso mesmo. *A fórmula mágica bateu as médias de mercado em* cada um *dos períodos separados*. Ei, talvez então *exista* mesmo algo especial nessa fórmula mágica![3]

Mas será que realmente podemos esperar resultados tão espetaculares sem correr muitos riscos? Bem, a resposta geralmente depende de como você prefere entender o que é um risco.[4] Embora nos últimos cinquenta anos os estudiosos da área financeira tenham proposto maneiras interessantes de mensurar ou comparar os riscos de diferentes estratégias de investimento, a maioria delas inclui mensurar o risco de uma maneira que não faria muito sentido para você. E isso é especialmente verdadeiro se você acha melhor investir de fato com um horizonte de longo prazo. Quando você pensar sobre riscos, em vez de tornar as coisas desnecessariamente complicadas, existem na realidade duas

---

[3] Para esse grupo de 3.500 companhias, o *pior* retorno de três anos para as carteiras da fórmula mágica foi um *lucro* de 35%. Para as médias de mercado, o pior retorno no período de três anos foi uma *perda* de 45%!

[4] Embora, neste caso, a fórmula mágica pareça muitíssimo boa, independentemente de como preferimos mensurar o risco.

informações essenciais que deve ter sobre as estratégias de investimento em questão:

1. Qual é o risco de perder dinheiro se adotar essa estratégia no longo prazo?

2. Qual é o risco de a estratégia escolhida ter um desempenho pior do que as outras, no longo prazo?

Então, como é que a fórmula mágica enfrenta essa definição de *risco*? Uma vez que é relativamente fácil elaborar uma estratégia de investimento para *igualar* o retorno das médias de mercado[5] (e, no entanto, como veremos adiante, a maioria dos investidores profissionais tem um desempenho ainda pior do que as médias de mercado), no mínimo podemos fazer uma comparação razoável dessas duas estratégias simples.

Vejamos. Durante nosso período de teste e usando um intervalo de tempo relativamente breve de três anos, a estratégia da fórmula mágica teve um desempenho bastante satisfatório. Os retornos da nossa estratégia foram muito superiores às médias de mercado e, nesses recortes de tempo, a fórmula mágica *nunca* perdeu dinheiro.[6] Também é seguro dizer que a estratégia da fórmula mágica *bateu* as médias de mercado em praticamente todos os triênios testados. Em suma, a nossa estratégia obteve *resultados melhores, com menos risco*, do que as médias de mercado.

Embora a fidelidade à estratégia da fórmula mágica por três anos tenha gerado lucros expressivos durante nosso período de teste, isso nem sempre ocorre. Até mesmo estratégias superiores de investimento podem levar um longo tempo para mostrarem

---

5 Investimento num *fundo indexado* ou num *fundo cambial* [*exchange-traded fund – ETF*].

6 As médias de mercado perderam dinheiro em 12% dos triênios testados. Naturalmente, apesar do índice de sucesso de 100% da fórmula mágica ao longo do período de teste, *é praticamente certo que a estratégia da fórmula mágica terá períodos de desempenho negativo no futuro.*

seu valor. Se uma estratégia de investimento realmente faz sentido, quanto maior for o horizonte de tempo em que você a sustentar, melhores suas chances de obter sucesso no final. Horizontes de cinco, dez ou até mesmo 20 anos são o ideal.

Mesmo que não seja fácil fazer isso, manter horizontes de até mesmo três a cinco anos para seus investimentos na bolsa de valores já deve lhe proporcionar uma ampla vantagem em relação à maioria dos investidores. Esse também é o tempo mínimo para qualquer comparação significativa dos riscos e dos resultados de estratégias alternativas de investimento.

Agora, temos um entendimento melhor de como a fórmula mágica é de fato poderosa e oferece baixo risco, mas ainda temos mais um problema para resolver antes de podermos passar para o próximo capítulo. Essa questão tem a ver com nosso velho amigo, o sr. Mercado. E, nesse ponto que vamos abordar, a garantia de um horizonte de tempo adequado também desempenha um papel crítico.

Como você se lembra do primeiro dia de aula na faculdade de Administração, no Capítulo 4, é o estado emocional cheio de altos e baixos do sr. Mercado que cria as oportunidades de pechinchas que a fórmula mágica é capaz de encontrar de modo vantajoso. Todavia, essas mesmas emoções criam um problema. Se o sr. Mercado é tão instável, como ter certeza de que, com o tempo, ele pagará um preço justo por nossa compra a um preço irrisório? Se, no futuro, não recebermos um preço justo do sr. Mercado, a pechincha pode permanecer nesse patamar para sempre (ou, pior ainda, passar a ter um preço ainda mais irrisório!).

Portanto, aqui estão mais alguns fatos que você *precisa* saber sobre o sr. Mercado:

- No curto prazo, o sr. Mercado se comporta como um sujeito emocionalmente desequilibrado que é capaz de *comprar ou vender ações a preços inflacionados ou depreciados.*

- No longo prazo, a história é completamente diferente: *o sr. Mercado age certo.*

Sim. No longo prazo, o aparentemente doido do sr. Mercado é, na realidade, um sujeito muito racional. Pode levar algumas semanas ou alguns meses, e não raramente alguns anos, mas com o tempo o sr. Mercado pagará um preço *justo* por nossas ações. Inclusive, dou uma garantia aos meus alunos do MBA no início de cada semestre. Eu asseguro que, se fizerem o *valuation* correto de uma companhia, o sr. Mercado acabará concordando com eles. Digo aos alunos que, embora de vez em quando possa demorar mais, se a análise que fizeram está correta, de dois a três anos é geralmente todo o tempo que precisarão esperar para que o sr. Mercado recompense com um preço justo as compras feitas a preços irrisórios.

E como pode acontecer uma coisa dessas? O sr. Mercado não é um caso emocionalmente perdido? Bom, embora seja verdade que o sr. Mercado pode com frequência ser dominado pelas emoções no curto prazo, com o tempo, os fatos e a realidade tomam o controle da situação. Se o preço de uma ação foi depreciado injustamente no curto prazo por um sr. Mercado emocionalmente vulnerável (o que pode acontecer, por exemplo, quando uma companhia tem más notícias ou existe uma expectativa de que isso aconteça em breve), podem ocorrer alguns fatos.

Em primeiro lugar, existe muita gente inteligente em ação. Se o preço oferecido pelo sr. Mercado é de fato uma pechincha, algumas dessas pessoas acabarão reconhecendo a oportunidade de um negócio a preços irrisórios, comprarão ações e o preço será forçado a subir e se aproximar de seu valor justo. Mas isso não tem de acontecer imediatamente. Às vezes, a incerteza quanto às perspectivas de futuro de determinada companhia no curto prazo pode repelir possíveis compradores. Às vezes, a influência das emoções pode durar anos. Mas veja só: com o tempo, o problema ou o motivo para a reação emocional será resolvido. A resolução pode ser tanto positiva como negativa. Na realidade, não importa. Se existe incerteza a respeito dos lucros de uma companhia pelos próximos dois ou três anos, se esperarmos o suficiente acabaremos descobrindo a resposta (mesmo que isso se arraste por dois ou três anos inteiros!). Assim que for conhecida a realidade da situação, os investidores inteligentes comprarão ações, se ainda existir a oportunidade da pechincha.

Em segundo lugar, mesmo que essas pessoas ditas "inteligentes" não reconheçam a oportunidade da pechincha e deixem de comprar as ações, há outras maneiras de o preço da ação poder subir e se aproximar do valor justo. Muitas vezes, as companhias recompram suas próprias ações. Se uma companhia entende que suas ações estão subvalorizadas, a administração pode decidir que usar seu próprio capital para a recompra de algumas ações é um bom investimento.[7] Portanto, essa opção da recompra das próprias ações pela companhia é mais uma atividade que eleva os preços dos títulos, podendo colaborar para eliminar algumas oportunidades de negócios a preços irrisórios.

Se isso também não der resultado, existem ainda outras soluções. Lembre-se de que a posse de uma ação significa que você é dono de uma participação na companhia. Quem comprar todas as ações em circulação, portanto, será o dono da companhia toda. Frequentemente, se uma oportunidade de pechincha continua existindo por muito tempo, alguma outra companhia ou uma empresa de investimentos de grande porte pode entender que é hora de fazer uma proposta de aquisição de todas as ações em circulação e adquirir a companhia como um todo. Às vezes, até

---

[7] Isso reduziria a quantidade de capital da companhia, mas também reduziria o número de suas ações em circulação. Se os ativos da companhia forem distribuídos por um número menor de ações, cada um dos acionistas restantes possuirá uma porcentagem maior da empresa.

mesmo a possibilidade de surgir um comprador da empresa inteira pode forçar uma elevação do preço da ação, aproximando-o do seu preço justo.

Em resumo, com o tempo, a interação de todos esses fatores – investidores inteligentes buscando oportunidades de pechinchas, companhias que recompram suas próprias ações e a fusão ou a possibilidade de uma fusão da companhia inteira – atua para aproximar o preço da ação de seu valor justo. Às vezes, esse processo transcorre rapidamente, às vezes pode levar vários anos.

Embora, no curto prazo, o sr. Mercado possa definir o preço de ações com base em emoções, no longo prazo é o valor da companhia que se torna importante para ele. Isso quer dizer que, se você comprar ações por um preço que lhe parece uma pechincha e tiver razão ao fazer isso, com o tempo o sr. Mercado acabará concordando e se oferecerá para comprar essas ações por um preço justo. Em outras palavras, as compras a preços irrisórios serão de um jeito ou de outro recompensadas. Embora o processo nem sempre transcorra rapidamente, dois ou três anos costumam ser suficientes para que o sr. Mercado normalize a situação.

Portanto, agora que todas aquelas boas notícias já saíram da frente, vejamos se podemos singrar para o próximo capítulo sem colidir com nada.

Breve resumo:

1. A fórmula mágica funciona. Muito melhor inclusive do que dei a entender antes.

2. A fórmula mágica alcançou seus resultados muito superiores e com bem menos risco do que as médias de mercado.

3. Embora, no curto prazo, o sr. Mercado possa precificar ações com base em emoções, no longo prazo o sr. Mercado as precifica com base em seu *valor*.

4. Já que você chegou até aqui, tente velejar comigo.

Capítulo 11

Ok, mesmo com tudo o que eu disse até aqui é capaz que você ainda não tenha entrado muito na onda da fórmula mágica. Os retornos elevados, o baixo risco, a simplicidade, a lógica: nada disso parece ter importância para você. Você é daqueles que querem – aliás, *precisam* – escolher as ações por conta própria! Ninguém, principalmente nenhuma fórmula boba, vai meter o bedelho. Então você está lá, na beira do precipício, mas não adianta nada falar para sair daí, não é? Bem, não se preocupe, eu entendo e está tudo certo. Mas, recorrendo a algo que escrevi uma vez, lembre-se de que:

> Escolher ações individuais sem a menor ideia do que você está buscando é como atravessar correndo uma fábrica de dinamite segurando um fósforo aceso. Pode ser que você sobreviva, mas continuará sendo um tolo.

Então, *como* escolher ações de um modo inteligente? O que você deveria procurar? Ainda que tenha resolvido não adotar a fórmula mágica, como poderá usá-la *mesmo assim* para não causar uma explosão? Que bom que você perguntou. Vamos atrás das respostas.

Como já sabemos, a fórmula mágica escolhe ações que tanto oferecem um alto retorno sobre o capital como um alto resultado de rendimentos. Para esse segundo fator, a fórmula busca companhias que ganham muito em comparação com o preço que *nós* temos de pagar. Em termos do retorno sobre o capital, a fórmula busca companhias que ganham muito em comparação com quanto *a companhia* tem de pagar para comprar os ativos que geram esses lucros. Para calcular essas proporções, a fórmula mágica não contempla os lucros futuros. Isso é difícil demais. Ela sempre usa os lucros do último ano.

O engraçado é que isso parece ser a coisa errada a fazer. O valor de uma companhia decorre de quanto dinheiro ela ganhará para nós no futuro, não do que aconteceu no passado. Se uma companhia lucrou 2 dólares por ação no último ano, mas só 1 dólar neste ano e talvez menos ainda no próximo, faz com que usar os lucros do último ano para calcular o rendimento futuro e o retorno sobre o capital seja algo muito enganoso, mas é precisamente isso que a fórmula mágica faz!

De fato, com frequência, as perspectivas de curto prazo para a companhia escolhida pela fórmula mágica não parecem nada boas. Em muitos casos, a perspectiva para os próximos dois anos é claramente desanimadora, mas essa é uma das razões pelas quais a fórmula mágica pode achar companhias cujos preços *parecem* irrisórios. A fórmula mágica usa os lucros do último ano. Se, em vez disso, fossem usadas as estimativas para o rendimento deste ano ou do próximo, muitas das companhias escolhidas pela fórmula mágica não seriam de jeito nenhum consideradas pechinchas.

Então, o que *devemos* fazer? O ideal é que, em vez de atrelar à fórmula os lucros do último ano, nós atrelemos as estimativas de lucros de um ano normal.[1] Claro que os lucros do ano anterior podem representar um ano normal, mas esse último também pode

---

[1] "Ano normal" é aquele ano em que não acontece nada de incomum ou extraordinário na companhia, em seu segmento de atuação ou na economia em geral.

não ter sido típico por variados motivos. Os lucros podem ter sido maiores do que o normal devido a condições excepcionalmente favoráveis e, talvez, não propensas a se repetir nos anos seguintes. Por outro lado, pode ter havido algum problema temporário nas operações da companhia e os lucros podem ter sido menores do que num ano normal.

Atrelar as estimativas de lucros *no ano seguinte* à nossa fórmula também é uma estratégia que encontra o mesmo entrave. O ano que vem pode não ser típico. Assim, uma solução pode ser mirar ainda mais longe e ver quais são nossas estimativas de lucros para daqui a três ou quatro anos, num ambiente normal ou médio. Problemas de curto prazo que possam ter afetado os lucros do último ano ou venham a afetar os dos próximos dois anos poderiam então ser amplamente eliminados de nosso pensamento.

Então, nesse mundo ideal, seríamos capazes de pegar nossas estimativas de lucros normais e calcular os resultados de rendimentos e os retornos de capital. Usando os princípios da fórmula mágica, poderíamos ir em busca de companhias que oferecessem altos resultados de rendimentos e altos retornos de capital, ambos com base em lucros normais. Claro que também seria preciso avaliar em que medida temos confiança em nossas estimativas e julgar se esses lucros poderiam aumentar no futuro.[2] Depois, poderíamos comparar os resultados de rendimento baseados em lucros normais com o título da dívida de 6% do governo – livre de risco – e com nossas outras oportunidades de investimento.

Parece difícil fazer isso? Bom, é realmente complicado, mas não impossível. *Existem* pessoas que podem fazer essa espécie de análise. Inclusive, é precisamente desse modo que meus sócios e eu usamos os princípios por trás da fórmula mágica para tomar as

---

[2] Assim como prever se uma equipe honesta de gestão poderia reinvestir esses lucros com sabedoria.

nossas próprias decisões de investimento, mas, *se não consegue fazer* esse tipo de análise (e este é o ponto principal do capítulo),

Você não deve de jeito nenhum investir em ações individuais por conta própria!

É isso mesmo: esqueça!

Mas espere um minutinho. A própria fórmula mágica apresentada neste livro funciona muito bem e usa apenas os lucros do último ano. Não faz estimativas de nenhum tipo e não gasta tempo fazendo conjecturas. Então, como a fórmula mágica é capaz de escolher ações, mas ao mesmo tempo eu fico insistindo para você simplesmente parar de escolher ações individuais por conta própria?

Bom, a resposta é que a fórmula mágica também não escolhe ações individuais. Ela escolhe muitas ações ao mesmo tempo. Considerando uma carteira inteira de ações, vê-se que usar os lucros do último ano, muitas vezes, é um bom indicador de como serão os lucros futuros. Claro que, para uma companhia, isso talvez não aconteça, mas, em geral, os lucros do último ano servirão como uma estimativa muito boa de lucros normais no futuro.

É por isso que, se de fato usarmos a fórmula mágica, vamos querer comprar 20 ou 30 ações de uma vez. No caso da fórmula mágica, *queremos* a média (ou seja, o retorno médio de uma carteira de ações escolhidas pela fórmula mágica). Como esperamos que os resultados médios da fórmula mágica signifiquem retornos extraordinários de investimento, possuir muitas ações diferentes escolhidas pela fórmula mágica serve como garantia de que iremos nos manter muito perto da média.

Nesta altura, espero ter convencido 99% dos leitores a simplesmente adotar a fórmula mágica, mas, para quem ainda espera elaborar uma estratégia vencedora para a escolha de ações individuais, existe outro ponto que precisa ser levado em conta. Até mesmo analistas de pesquisa e gestores financeiros profissionais têm dificuldade para elaborar previsões de lucro precisas para uma companhia. Para esses profissionais é ainda mais difícil fazer previsões para 20 ou 30 companhias ao mesmo tempo. Para você, não será nem um pouco mais simples.

Então, esta é a minha sugestão: se você ainda quer comprar ações individuais apesar de todos os avisos, nem tente fazer muitas previsões. Limite seus investimentos em ações a um pequeno número de "boas" companhias que estejam disponíveis a preços irrisórios. No caso dos poucos investidores que de fato *são* capazes de estimar como serão os lucros normais no futuro, por vários anos, e valorar esses negócios, possuir apenas um punhado de ações a preços irrisórios é a melhor estratégia.

Como regra prática geral, se você está realmente fazendo uma boa pesquisa e tem um bom entendimento das companhias que está comprando, pode ser seguro montar pelo menos 80% do total de sua carteira com somente cinco a oito tipos de ação de segmentos variados do mercado.[3]

Mas e se você não é especialista em valorar negócios e fazer previsões? Não haveria ainda alguma maneira de você poder jogar com inteligência esse jogo de escolher ações? Embora não seja inteligente ficar à toa numa fábrica de dinamite, há quem goste de viver fortes emoções. Então, tudo bem. Existe uma estratégia de concessões que também faz sentido. Só que, ainda assim, você vai precisar da fórmula mágica – é que simplesmente não há como se livrar dela (não neste livro, pelo menos).

A questão é a seguinte: em vez de apenas escolher às cegas ações que parecem atraentes ou aceitar às cegas o que a fórmula mágica apresenta, que tal combinar as duas estratégias? Comece com a fórmula mágica e monte uma lista das ações mais bem classificadas. Depois, escolha algumas das suas favoritas, seja qual for o método que você preferir. No entanto, você deve escolher somente entre as 50 ou 100 primeiras na classificação da fórmula

---

3 Você não tem certeza de que isso faz sentido? Consulte o boxe no final deste capítulo!

mágica.[4] Usando esse método, você ainda poderá incluir pelo menos entre 10 e 30 ações em sua carteira (da porção inferior dessa classificação, se você conhece um pouco de como avaliar negócios, e da porção superior, se estiver escolhendo ações com base na astrologia). E é basicamente isso.

E agora o resumo:

1. A maioria das pessoas não deveria investir em ações individuais por conta própria!

2. Leia novamente o ponto 1 do resumo.

3. Mas se você não consegue evitar, e *consegue* de fato prever lucros normalizados, vários anos mais adiante, use essas estimativas para identificar quais serão os resultados dos rendimentos e os retornos sobre o capital. Depois, use os princípios da fórmula mágica para encontrar boas companhias a preços irrisórios, com base em suas estimativas de lucros normais.

4. Se você realmente entende do negócio que comprou e tem bastante confiança em suas estimativas de lucros normalizados, possuir de cinco a oito ações compradas a preços irrisórios, representando diferentes segmentos de mercado, pode ser uma estratégia de investimento segura e eficiente.

5. *A maioria das pessoas não devia tentar investir por conta própria em ações individuais.* (Já mencionei isso?)

---

[4] Não se preocupe. Mais adiante, vamos aprender a compilar facilmente uma lista das ações mais bem classificadas.

Como pode ser segura a estratégia de possuir somente entre cinco e oito ações? Pense assim:* você é um empresário local bem-sucedido e acabou de vender seu negócio por 1 milhão de dólares. Você quer investir bem esse dinheiro, a fim de ganhar um bom retorno do capital com o tempo e com segurança. Você tem a oportunidade de reinvestir o lucro da venda do seu negócio comprando uma participação em outras empresas da cidade e tem um entendimento razoável de mais ou menos 30 outras companhias e o seu plano é investir nas que você conhece bem, que têm boas chances de futuro e estão disponíveis a preços razoáveis.

No caso das companhias em que você tem mais confiança para fazer previsões, você projeta quais deverão ser os lucros normais vários anos à frente. Você também procura companhias que acredita que serão capazes de continuar no mercado ainda por muitos anos, além daquelas que devem ter a capacidade de aumentar seus lucros com o tempo. Depois, você calcula o resultado dos rendimentos e o retorno do capital com base em suas estimativas para cada uma das companhias. Claro que o seu objetivo é encontrar bons negócios que possam ser adquiridos a preços irrisórios. Com base em sua análise, você escolhe suas cinco ações preferidas e investe 200 mil dólares em cada uma.

Isso parece uma conduta arriscada? Seria, se você não tivesse ideia de como ler as demonstrações de perdas e lucros, nem de como avaliar negócios individuais. Mas, se você tem essa capacidade, será que é suficiente comprar uma participação em seus cinco negócios favoritos? Seria melhor ter ações em suas oito companhias prediletas?

Acho que a maioria das pessoas, especialmente aquelas que acham que as ações são uma aposta de participação de longo prazo em negócios reais, pensaria que dividir 1 milhão de dólares entre investimentos em cinco a oito negócios a preços vantajosos, de segmentos variados, poderia ser visto como uma conduta prudente.

Pelo menos, é essa a política que adoto com uma parte da *minha* carteira de investimento. Quanto maior é a confiança que tenho em cada uma das minhas escolhas de ações, menos companhias eu preciso ter na minha carteira para me sentir confortável, mas a maioria dos investidores entende aquisição de ações e construção de carteira de modo diferente.

De alguma maneira, quando as participações em negócios são divididas em ações que ficam oscilando conforme o humor do sr. Mercado, tanto leigos como profissionais começam a pensar e a mensurar os riscos de maneiras estranhas. Quando noções sobre o curto prazo e estatísticas evidentemente complicadas se imiscuem na questão, possuir muitas companhias sobre as quais você conhece bem pouco começa a parecer mais seguro do que ter participação em cinco a oito companhias com bons negócios, futuros previsíveis e preços irrisórios. Em suma, no caso dos poucos indivíduos com a capacidade, o conhecimento e o tempo para prever os lucros normais e avaliar ações individuais, possuir menos pode de fato significar mais: mais lucros, mais segurança e... mais diversão!

Capítulo 12

Vamos falar um pouco sobre a lenda da fada do dente. Por algum motivo, nunca fui capaz de confessar aos meus filhos a verdade de toda essa história. Talvez por querer esticar a infância deles o máximo possível, talvez por querer curtir, também ao máximo, a inocência daquele estágio da vida deles. De todo modo, tenho permanecido inabalável perante as mais insistentes interrogações a respeito da procedência do dinheiro que misteriosamente aparecia debaixo dos travesseiros.

Algumas vezes, porém, a resposta passou raspando. Achei que a mentira seria exposta um dia quando um dos meus filhos – na época com sete anos – entrou em casa com passos decididos, depois da aula, com novas informações (é assustador o tipo de coisas que eles aprendem quando estão no pátio da escola, no intervalo). Aparentemente, um amiguinho, que não tinha absolutamente a menor consideração por todos os meus anos de fingimento, tinha esclarecido a mentira da fada do dente. Era o fim da farsa. Enquanto eu fazia todo o possível para não demonstrar minha decepção, meu Sherlock Holmes em miniatura declarou: "Eu sei quem é a fada do dente!". Na minha cabeça, as ideias corriam em busca de uma saída enquanto ele emendava: "É a mãe do Billy Gordon!".

Depois de explicar o ridículo pesadelo logístico e financeiro que seria para a mãe de Billy Gordon atravessar o mundo inteiro todas as noites, recolhendo dentes e trocando por dinheiro, consegui neutralizar aquela porção específica de informação equivocada. E, por sorte, devido à falta de um talento natural para investigação ou porque tivessem aprendido a fazer minhas vontades ao longo do tempo, isso foi o mais perto que qualquer criatura menor de idade da minha família conseguiu chegar de desvendar o grande mistério.

Há, no entanto, um segredo que não tenho nenhum problema em divulgar. Na minha casa, seja qual for a história em que meus filhos queiram acreditar, não tenho nenhum problema com isso. Mas, quando se trata da bolsa de valores, existe somente uma versão da história que eu quero que eles conheçam. É duro e é injusto, mas um dia todos temos de crescer. E chegou a hora de você também conhecer. Então, lá vai. Quando se trata de Wall Street,

não existe nenhuma fada do dente![1]

É isso mesmo. Em Wall Street, o dinheiro não vai aparecer debaixo do travesseiro como num passe de mágica. Não tem ninguém para colocar você debaixo das cobertas, ninguém para tomar conta de você e ninguém a quem pedir um bom conselho. Assim que você deixa para trás o conforto do próprio lar, não tem alternativa: *você está por sua conta e risco*.

Para enxergar por que isso acontece necessariamente assim, vamos dar uma caminhada por Wall Street, mas, antes de darmos a largada, vamos supor alguns fatos. Em primeiro lugar, você tem um pouco de dinheiro que gostaria de investir a longo prazo. (Neste caso, "a longo prazo" significa que você não vai precisar desse dinheiro para cobrir suas despesas normais durante pelo menos os próximos três a cinco anos; de preferência, podendo

---

[1] E, claro, como essa é tecnicamente uma dupla negativa, ainda não admiti coisa alguma!

contar com mais tempo.)[2] Em segundo lugar, você gostaria de ganhar o máximo possível com os seus investimentos, mas não está disposto a correr riscos desnecessários. Por último, você ouviu dizer (e em geral isso é verdade) que o mercado de ações oferece a melhor possibilidade de altos retornos para os investimentos após algum tempo, e é aí que você gostaria de colocar a maior parte do seu dinheiro. Então, ótimo. Por onde começamos?

Bem, um lugar clássico para se visitar é a nossa simpática *corretora* do bairro.[3] Ali trabalha um profissional de investimentos cuja tarefa consiste em pegar você pela mão e ajudá-lo a investir seu dinheiro. Seu corretor ajudará na escolha entre ações individuais, títulos de dívida, fundos de investimento, além de várias outras opções. Se você tem dinheiro suficiente, esse corretor inclusive conversará com você pelo telefone, tentando entender quais são suas necessidades, fazendo sugestões e dando conselhos.

É aqui, no entanto, que a coisa se complica. Se seu corretor é como a grande maioria, ele não faz ideia de como ajudar você! A maioria ganha uma comissão para simplesmente lhe *vender* uma ação, um título de dívida ou outro produto de investimento qualquer. Eles não recebem para ganhar dinheiro para você. Claro que é do interesse do corretor que você tenha sucesso, mas, embora muitos sejam bons profissionais, bem-intencionados, o principal incentivo para o corretor ainda é conseguir *vender* alguma coisa para você. Esses profissionais são treinados para seguir regras, compreender alguns termos financeiros e explicar vários produtos para

---

2 Como o sr. Mercado pode fazer qualquer coisa no curto prazo, o dinheiro que você vai precisar para suas necessidades imediatas nos próximos anos fica melhor no banco. Caso contrário, talvez você seja forçado a vender ao sr. Mercado bem no momento errado (por exemplo, quando precisar de dinheiro para as despesas e o sr. Mercado estiver oferecendo preços baixos por suas ações).

3 Se quiser ser um aventureiro solitário, hoje você já pode fazer seus investimentos por meio de aplicativos no seu *smartphone*, computador ou *tablet*. Muitos aplicativos são gratuitos e não cobram taxa de corretagem.

investimento. Porém, quanto a realmente saber ganhar dinheiro no mercado de ações – ou em algum outro lugar –, pode esquecer!

Você poderia apenas colocar seu dinheiro num *fundo mútuo*, que é um fundo de investimento administrado por um gestor financeiro profissional. Esse gestor normalmente escolhe um grupo diversificado de ações ou títulos, geralmente de um grupo de 30 a 200 títulos, para montar um único fundo. E essa é uma maneira especialmente eficiente para o pequeno investidor diversificar seu capital de investimento em um grupo amplo de opções.

Contudo, aqui também topamos com outros problemas. Como dissemos anteriormente, é difícil enxergar com clareza suficiente tantas companhias diferentes e os vários títulos disponíveis para investimento. Por isso, possuir dezenas ou centenas de posições, em geral, não resulta em retornos acima da média. E depois, claro, há a questão das taxas. As empresas de gestão de fundos mútuos precisam cobrar uma taxa por seus serviços, e a matemática elementar diz que o retorno médio menos a taxa é igual a um retorno abaixo da média. Não é surpreendente, portanto, que, depois de subtrair as taxas e outras despesas, com o tempo, a vasta maioria dos fundos mútuos não seja capaz de bater as médias de mercado.

Mas tudo bem. Podemos buscar somente os fundos mútuos administrados por gestores acima da média. Deveria ser relativamente fácil saber se um gestor é acima da média apenas analisando o histórico de desempenho do fundo. O único problema com essa estratégia é que, em média, *não* existe qualquer relacionamento entre o bom registro de investimentos passados de um fundo e seus retornos futuros. Até mesmo companhias cujo negócio é classificar fundos mútuos têm um histórico ruim em termos de determinar qual fundo terá bom desempenho no futuro.

Embora existam muitas razões para isso, o fato é que todas são difíceis de ser resolvidas. As companhias de administração de fundos mútuos são pagas com base em quanto dinheiro é investido em cada fundo. Um fundo com um histórico de desempenho bem-sucedido geralmente atrairá mais dinheiro ao longo do tempo. Em geral, é do interesse econômico do fundo aceitar esse dinheiro. Assim que o fundo fica maior, pode ser difícil para o gestor continuar aplicando a mesma estratégia que produziu os retornos bem-sucedidos. Algumas boas ideias podem agora ser redistribuídas ainda mais entre uma quantia mais alta de dinheiro. Se o investimento em companhias menores é parcialmente responsável por uma parte do êxito, com um fundo maior isso talvez não seja mais possível. Além disso, mesmo gestores talentosos têm fases ruins quanto ao desempenho de seus investimentos (tal qual a fórmula mágica). Por outro lado, maus gestores também podem ter fases boas. É muito difícil distinguir umas das outras, mesmo considerando períodos de vários anos. Um bom histórico de investimento não tem muita utilidade quando se trata de prever retornos futuros, e escolher um bom gestor provavelmente não será mais fácil do que escolher ações individuais atrativas. Mas, pensando bem, se você mesmo pudesse escolher ações atrativas, provavelmente nem precisaria de um bom gestor, não é mesmo?

Assim, em vez disso, talvez considere a opção de investir num fundo de cobertura (*hedge fund*). Os fundos de cobertura são fundos privados exclusivos de investimento normalmente reservados para investidores muito ricos. Infelizmente, na maioria dos casos, a não ser que você tenha pelo menos em torno de 500 mil dólares para investir, o mais provável é que nem possa contar com essa opção. A lei estipula que a maioria dos fundos de cobertura só pode aceitar investidores capazes de suportar a perda de grandes volumes de dinheiro. Porém, mesmo que você atenda aos requisitos dessa honraria duvidosa, essa não é uma escolha muito inteligente.

Os fundos de cobertura são fundos de investimento com maior flexibilidade do que a maioria dos fundos mútuos. Os gestores podem usar o capital do fundo e capital emprestado para comprar uma ampla variedade de títulos. Em geral, são até mesmo capazes de apostar se as ações e outros títulos e, inclusive, as médias do mercado inteiro vão subir ou descer. A maioria dos fundos mútuos está restrita a ganhar dinheiro somente quando seus títulos sobem. A capacidade do fundo de cobertura de valer mais ou menos do que muitos outros títulos, em geral com a ajuda de dinheiro emprestado, é vista como uma grande vantagem em relação à maioria dos fundos mútuos padrão. Bem, pode até ser verdade. Mas a maioria dos fundos de cobertura cobra altas taxas: pelo menos 1% dos ativos administrados, *mais* uma comissão de 20% sobre os lucros. Sem dúvida, por conta dessas taxas elevadas praticadas, milhares de novos fundos de cobertura foram criados nos últimos anos. A maioria não terá nem chance de justificar as taxas que cobram. A questão é que não existe um número tão grande de bons gestores, e a possibilidade de você achar um que seja é bem pequena.

Com isso, muitas pessoas apenas preferem investir em um *fundo indexado*,[4] que não passa de um fundo mútuo que tenta *igualar* o retorno do mercado como um todo, menos uma taxa muito pequena. Os fundos indexados escolhem um índice de mercado (talvez o S&P 500, que é o índice das 500 grandes ações, ou o Russell 2.000, que consiste nas 2 mil ações um pouco menores) e compram todas as ações daquele índice específico. Embora essa estratégia não sirva necessariamente para você *bater* o mercado, com certeza ajudará a obter retornos que, no mínimo, são próximos das médias de mercado.[5] Como a maioria das opções de

---

4 Ou fundo cambial (ETF), que é um fundo indexado negociado de maneira parecida com as ações.

5 Além disso, se você não está investindo usando uma conta de aposentadoria livre de tarifas e os impostos não são uma preocupação, essa estratégia vai minimizar a quantidade de taxas que você deverá pagar porque os fundos indexados normalmente não vendem seus lotes de ações, a menos que um título específico seja excluído do índice. Isso, em geral, representa menos de 10% dos títulos de um índice em um ano.

investimento garante retornos muito menores do que os fundos indexados depois de incluir o pagamento de taxas e outros encargos, muitas pessoas que estudaram cuidadosamente a questão chegaram à conclusão de que aceitar retornos médios é, na verdade, uma alternativa bastante boa. E, de fato, nos últimos 80 anos, o retorno médio do mercado de ações tem sido de mais de 10% ao ano. Nada mau, nada mau.

Mas e se você quiser se sair melhor do que a média? A verdade nua e crua é que não há uma parada específica em *nossa* pequena caminhada onde se possa obter uma resposta a essa pergunta, pois o que acontece é basicamente aquilo que eu já disse: em Wall Street não existe fada do dente. Assim que sair de casa, você pode colocar seu dinheiro debaixo do travesseiro de um *profissional*, mas a chance maior é que, quando acordar, a única coisa que encontrará é um desempenho sofrível.

Naturalmente, sei o que você vai me perguntar. Não existe um lugar a que se possa ir? Alguma coisa que se possa fazer? Alguém a quem recorrer?

Bom, não deve ser nenhuma surpresa que, após 30 anos no mundo dos investimentos, eu já tenha me deparado com essas perguntas inúmeras vezes. Às vezes, eu conseguia recomendar um gestor financeiro de fundo mútuo que se mostrou especialmente bom ou um gestor excepcional de fundos de cobertura. Em todos os casos, os fundos em questão cresceram, subsequentemente, muitas vezes em comparação com seu tamanho original, e consequentemente a oportunidade de investimento praticamente desapareceu num período de tempo bem curto. Também tentei ajudar as pessoas dando, de vez em quando, sugestões de ações para comprar. No entanto, uma sugestão ocasional que eu dê de uma ação para comprar não é uma estratégia de investimento de longo prazo muito confiável nem universalmente disponível.

Portanto, geralmente estou perdido. Se você quer fazer o mínimo possível e não se importa de ficar na média, um fundo indexado pode ser uma boa escolha, mas, se você é capaz de analisar negócios e está disposto a trabalhar bastante, escolher ações individuais com cuidado pode ser uma alternativa viável. O único problema é que a maioria não tem nem tempo nem capacidade para analisar cada companhia. Como vimos no último capítulo, se você não sabe como avaliar negócios e projeta lucros normais por vários anos à frente, para começo de conversa, não tem nada que se meter a investir em ações individuais.

Então, é o seguinte: por mais inacreditável que possa parecer, se você realmente quer bater o mercado, só existe mesmo uma alternativa. Depois de tudo pelo que já passamos, o mais provável é que eu não precise falar mais nada, mas vamos dizer que é algo que rima com *mórmula fágica...*

É isso mesmo. Como prometi antes, seguindo o simples passo a passo descrito no final deste livro, você pode usar a fórmula mágica para bater o mercado. Você pode, sim, obter retornos extraordinários com investimentos de longo prazo – e correndo um baixo risco. Seguindo o passo a passo, você saberá exatamente aonde ir e o que fazer. Nem vai dar muito trabalho: somente alguns minutos a cada poucos meses.

No entanto, essa não é a parte mais difícil. Complicado mesmo é garantir que você compreenda *por que* a fórmula mágica faz sentido. Difícil é continuar *acreditando* que a fórmula mágica *continua* fazendo sentido, mesmo quando os amigos, os especialistas, os noticiários e o sr. Mercado apontam em outra direção. Por fim, difícil é começar, embora eu tenha tentado facilitar ao máximo essa tarefa.

Portanto, boa sorte! Eu realmente acredito que, se você seguir as lições deste livro, terá um grande sucesso com seus investimentos. É isso que torna o próximo capítulo tão importante. Afinal de contas, se meus cálculos estiverem certos, você ainda terá um grande problema pela frente. Falo sério. Quer dizer, o que você vai *fazer* com todo esse dinheiro?

Rápido resumo:

1. Em Wall Street, *não existe nenhuma fada do dente!*
2. Nada rima com *fórmula mágica*.
3. O passo a passo para bater o mercado usando a fórmula mágica virá logo após o próximo capítulo.

Capítulo 13

O que você faria se tivesse muito dinheiro? Claro que estou me referindo ao que faria depois de cuidar de sua família e das pessoas próximas a você. Mas, depois de providenciar os fundos para sua aposentadoria, para o futuro de seus entes queridos e, bem, para umas comprinhas especiais, o que você faria com o dinheiro?

Na verdade, você até já pode ter respondido a essa pergunta um dia, mas não se preocupe. Não pretendo entediar ninguém com um monte de estatísticas. Não vou comentar a respeito de todo o dinheiro que você poderia ganhar usando a fórmula mágica. Não vou sequer discutir o conceito de *juros compostos*. Trata-se de investir um montante relativamente pequeno de dinheiro, ganhar uma taxa de retorno razoável com o tempo, reinvestir continuamente todos os lucros desses investimentos e, por fim, terminar com um grande volume de dinheiro. Mas, não, não vou falar nada sobre isso.

Só que é realmente uma pena. Com as novas regras para a contribuição de quantias maiores de dinheiro em contas de aposentadoria com benefícios fiscais, *teria sido* uma boa ideia falar a esse respeito. Como se sabe, ao começar agora a fazer a máxima contribuição permitida para uma IRA[1] durante alguns anos,

---

[1] Uma conta tradicional de investimento para aposentadoria ou uma *Roth IRA*. No Brasil, é algo equivalente a um plano de previdência privada.

você poderia transformar um valor relativamente pequeno numa quantia muito maior. Evidentemente, com o tipo de retorno obtido no passado pela fórmula mágica, isso realmente poderia ter significado muito dinheiro para você. Mas, infelizmente, também não vamos nos dedicar a essa conversa.

Uma pena, mesmo, pois com uma contribuição total de 2 mil dólares por seis anos (com o máximo de 4 mil dólares por ano em 2006 e 2007 e de 5 mil dólares a partir de 2008 durante quatro anos)[2], sua conta para aposentadoria poderia ter chegado a 325 mil dólares ao final de 20 anos e, ao final de 30 anos, a mais de 1,3 milhão de dólares. Isso se você pudesse obter um retorno anual sobre seus investimentos da ordem de 15%. Claro que o histórico da fórmula mágica é um tanto melhor do que 15% ao ano, mas seria irresponsável projetar retornos anuais mais elevados num futuro distante, pois escolher um índice como 20% anuais transformaria os 28 mil dólares iniciais em 752 mil dólares depois de 20 anos e em mais de 4,3 milhões de dólares após 30 anos. A um índice astronômico de 25% ao ano (um retorno que ainda é menor do que os retornos passados de uma de nossas menores carteiras de ações da fórmula mágica), aqueles 28 mil dólares teriam se tornado mais de 1,6 milhão de dólares em 20 anos, e mais de 13,4 milhões de dólares em 30 anos.[3] Mas quem é que está fazendo conta aqui? E, com números desse naipe, graças a Deus tive o bom senso de não abrir a boca a respeito.

---

[2] Sem contribuir mais nada daí em diante.

[3] É fascinante observar que, se tivesse decidido contribuir com 5 mil dólares ao ano durante os 24 anos remanescentes do período de 30 anos, em vez de interromper os depósitos após meros seis anos, como fizemos neste exemplo, sua conta IRA teria chegado a mais ou menos 16,5 milhões de dólares após 30 anos, contra os 13,4 milhões de dólares gerados pelas seis contribuições apenas. Se tivéssemos resolvido falar de juros compostos, o benefício relativamente menor das demais 24 contribuições teria exemplificado a real importância de começar o mais cedo possível, a fim de conseguir alcançar o pleno benefício dos juros compostos.

Mas uma coisa eu digo. Se você ainda está terminando o Ensino Fundamental ou já está no Ensino Médio, e qualquer pessoa lhe oferece – eu quero dizer *qualquer pessoa*, por mais incrível que ela seja ou por mais convincente que seja sua estratégia de venda – uma unidade de goma de mascar por 25 centavos, fica o meu conselho:

Não compre!

Digo isso não porque em algum momento você pode ser forçado contra a parede, quase obrigado a comprar um pacotinho de gomas de mascar, mas porque, se você entendeu como uma moeda de 25 centavos bem investida pode se tornar mais de 200 dólares quando já estiver na meia-idade,[4] não vai querer desperdiçar todo esse dinheiro com chicletes! Aliás, você pode não desperdiçar dinheiro num monte de coisas. Em vez disso, pode começar a pensar em *poupar dinheiro* sempre que possível e *gastar tempo* descobrindo uma boa maneira de investi-lo. É isso que estou dizendo.

Infelizmente, uma coisa que não estou dizendo é que usar a fórmula mágica para investir futuramente vai garantir resultados similares ao desempenho fenomenal que ocorreu no passado. Não posso saber isso. Mas, por outro lado, posso dizer que:

> Acredito que usar a fórmula mágica e os princípios que a fundamentam para orientar seus investimentos futuros continua sendo sua melhor opção de investimento. Também acredito que, se conseguir ficar fiel à estratégia da fórmula mágica nos bons e nos maus períodos, você facilmente baterá as médias do mercado com o tempo. Em suma, acredito que, mesmo que todo mundo conheça a fórmula mágica, os resultados

---

4 Vinte e cinco centavos investidos com um retorno de 25% ao ano, por 30 anos, renderiam mais de 200 dólares. Claro que não estou dizendo que você de fato obteria esse tipo de retorno (como já deixei claro, eu nunca diria uma coisa dessas).

continuarão a ser não só "bastante satisfatórios", mas, com um pouco de sorte, extraordinários.

Então, a coisa é a seguinte: se você realmente se sentir convencido a usar a fórmula mágica porque isso pode ajudá-lo a ganhar dinheiro suficiente para que se sinta feliz, você deve realmente considerar essa possibilidade. Isso porque todo o tempo e esforço dedicado a investir na bolsa de valores não é, necessariamente, um uso muito produtivo do seu tempo. Em geral, quando você compra ou vende ações de uma companhia de capital aberto,[5] está apenas comprando ou vendendo de outro acionista. Em outras palavras, a companhia subsidiária não está envolvida e nem recebe nada da transação.

Muitas pessoas argumentam que toda essa atividade de compra e venda é muito útil, apesar de tudo, e dizem que, por meio dessas transações, está sendo criado um mercado ativo para ações de companhias. Em tese, se uma companhia precisa de mais dinheiro, ela pode resolver vender mais ações no mercado e usar os lucros para pagar contas, construir fábricas ou expandir de algum outro modo. Tudo isso procede. Inclusive, se Jason realmente resolver expandir sua rede de lojas de gomas de mascar, ele pode vender algumas ações de seu novo e próspero negócio diretamente ao público e, assim, levantar dinheiro para a expansão.

Como os compradores das ações da companhia de Jason sabem que haverá mercado para a venda dessas ações após a aquisição inicial, ele pode encontrar facilidade para levantar dinheiro para o seu negócio. As pessoas que enxergam um grande valor na negociação com ações também têm sua razão.

É que simplesmente eu não sou assim. Sim, é bom que haja mercado. Aliás, isso é muito importante. Mas o fato é que mais de

---

5 Estou me referindo a uma companhia que formaliza junto ao governo seu demonstrativo financeiro e cujas ações o público em geral pode comprar e vender.

95% das negociações diárias de compra e venda de ações provavelmente são desnecessárias. O mercado ainda estaria bem sem praticamente quase todas essas negociações e certamente estaria bem sem a *sua* contribuição.

Aliás, no primeiro dia de aula de cada semestre, digo a todos os alunos do MBA que estão começando que vou ensinar a eles habilidades de valor limitado. Não que eles não tenham o potencial para ganhar muito dinheiro com o que aprenderem. O fato é que provavelmente existem melhores maneiras de gastarem seu tempo e inteligência. Sempre peço aos meus alunos que achem um modo de devolver para a sociedade.[6]

Assim, espero que este livro e as instruções passo a passo que vêm a seguir colaborem para que você alcance todos os seus objetivos de investimento. Acredito plenamente que isso acontecerá. Também espero que esses objetivos de investimento incluam o uso da sua sorte para fazer diferença naquelas áreas que para você são importantes e têm significado.

Boa sorte!

> Naturalmente, existem muitas coisas que valem a pena ser feitas com dinheiro, além de cuidar dos seus entes queridos e de nossos amigos mais próximos. Desde ajudar pesquisas médicas, ajudar os pobres, promover justiça social ou apoiar basicamente qualquer causa valiosa em que você acredite. Todas essas, evidentemente, seriam escolhas maravilhosas para seus dólares destinados à caridade. Mas como este livro inteiro é sobre investir seu dinheiro em lugares que

---

[6] Para mais algumas ideias, veja o boxe ao final deste capítulo.

podem lhe render um alto retorno para seu capital, vou dar mais uma ideia que você pode levar em conta.

É o nosso sistema educacional que forma os empreendedores, os cientistas, os engenheiros, os tecnólogos e a força de trabalho de alto nível que ajuda nossa economia a crescer e prosperar. Com o passar do tempo, o desempenho do mercado de ações reflete esse progresso. No entanto, está cada vez mais claro que estamos desperdiçando uma boa parte do nosso potencial futuro. Em praticamente todas as principais cidades dos Estados Unidos, nem a metade dos alunos de escola pública começando o 9º ano conclui o Ensino Médio. Pense um instante sobre isso. Sem dúvida, há muitos motivos para esse desperdício monumental, mas os problemas – sejam quais forem – claramente ameaçam todos os níveis da escolarização.[7] Muitos alunos entram no Ensino Médio já com quatro ou cinco anos de atraso e não conseguem se formar.

Portanto, como *devemos* resolver esse problema? Obviamente, ensinando que os jovens devem ter máxima prioridade e que destinar verbas para ensinar às crianças as habilidades necessárias para que se tornem membros produtivos da sociedade deve ser considerado um grande investimento. Isso sim é um alto retorno sobre o capital. Assim como é óbvia a consequência negativa de um mau

---

[7] No Brasil, quase 50% dos estudantes que ingressam na faculdade abandonam o curso escolhido, e muito disso se deve à baixa qualidade do Ensino Médio no país. Os alunos chegam ao Ensino Superior sem conhecer conceitos básicos como interpretação de texto e matemática básica. Para saber mais, consulte o Portal do MEC e o Censo da Educação Superior. Disponível em: http://portal.mec.gov.br/component/tags/tag/32044-censo-da-educacao-superior. Acesso em: 22 jan. 2020.

trabalho na educação desses jovens — como criminalidade, dependência de drogas e os desafios da previdência social. Então, como é que vamos tentar resolver esse problema?

No capitalismo, seria bastante simples e direto. Se estivéssemos tentando consertar um negócio como a rede Só Brócolis, num primeiro momento tentaríamos mudar algumas coisas dentro da empresa. Talvez começássemos demitindo os maus gerentes, contratando vendedores melhores e investindo mais em publicidade. Mas, no final, se os resultados não melhorassem, acabaríamos fechando as lojas. No capitalismo, as companhias que não rendem um retorno adequado sobre o capital acabam fechando as portas, o que é muito saudável. Em vez de continuar jogando dinheiro em investimentos que não dão retorno, no capitalismo, o dinheiro é sistematicamente redirecionado para negócios capazes de fazer um uso produtivo do novo capital. É assim que uma economia cresce e prospera como tempo.

Então, como você consertaria o sistema das escolas públicas? Em primeiro lugar, você tentaria implantar algumas mudanças. Demitiria os maus professores, pagaria melhor os bons, expulsaria os maus diretores e, por fim, fecharia as escolas ruins. O dinheiro gasto nas escolas fechadas seria redirecionado para as instituições (públicas ou privadas) que conseguissem gerar um retorno mais alto sobre o capital investido. Infelizmente, no caso das escolas públicas urbanas, os mesmos problemas se repetem há mais de 40 anos e os "consertos" vêm sendo feitos também há quatro décadas.

A diferença é que, no capitalismo, se os consertos não dão certo, a empresa fecha, mas isso raramente acontece com as escolas públicas. É praticamente impossível demitir os maus professores, pagar melhor os bons e fechar as escolas ruins. Em suma, não há penalidades para um mau desempenho, nem incentivos para boas performances – ou ainda, consequências imediatas para uma má condução do negócio.

Como resultado, o dinheiro gasto com professores e escolas ruins quase nunca é redirecionado para escolas e professores capazes de alcançar altos retornos para esse capital. Portanto, se quisermos aplicar o que aprendemos sobre capitalismo, quaisquer soluções, seja envolvendo uma reforma no ensino, escolas com administração público-privada ou programas de incentivo, é preciso lidar com esses problemas. Do contrário, continuaremos ainda por muito tempo com um sistema de educação que é uma verdadeira Só Brócolis!

Instruções passo a passo

Como você sabe, a fórmula mágica atingiu resultados excelentes no passado. Portanto, nosso objetivo é elaborar um plano – fácil de ser adotado – que nos ajude a repetir esses bons resultados. Antes de adotarmos qualquer estratégia, porém, precisamos levar alguns aspectos em consideração.

Em primeiro lugar, como os retornos relatados neste livro se basearam numa carteira de aproximadamente 30 ações escolhidas pela fórmula mágica, devemos garantir que nosso plano inclua manter pelo menos de 20 a 30 ações por vez. Lembre-se de que a fórmula mágica atua com *médias*, por isso, manter muitas ações classificadas como as mais altas pela fórmula mágica deve nos ajudar a permanecer perto dessas médias ao longo do tempo.[1]

Em segundo lugar, em nossos testes, cada ação foi mantida por um período de um ano. Manter ações por um ano ainda é bom no caso de contas isentas de impostos. Para as que não são isentas, é aconselhável ajustar um pouco esse aspecto. Com ações

---

[1] É óbvio que, se você já é bom na análise de negócios e para pesquisar por conta própria suas opções, se apenas usa a fórmula mágica como diretriz para encontrar ações individuais atraentes, essas regras de diversificação *não* se aplicam a você. Por outro lado, se você está fazendo um trabalho limitado sobre ações individuais – ou nenhum trabalho – a diversificação entre 20 e 30 ações recomendadas pela fórmula mágica é *sem dúvida* o plano certo no seu caso.

individuais que estão demonstrando perda em relação ao preço inicial de aquisição, é preferível vendê-las alguns dias *antes* do término do nosso período de um ano de manutenção. Com as ações que estão ganhando, é preferível vendê-las um ou dois dias *depois* do fim do período de um ano. Desse modo, todos os nossos lucros receberão as vantagens de uma menor alíquota de impostos oferecidas por ganhos de capital de longo prazo (a baixa estipulada pelo governo federal para ações mantidas por mais de um ano), e todas as nossas perdas receberão um tratamento fiscal para operações no curto prazo (uma dedução contra outras fontes de renda que, de outro modo, seriam passíveis de taxação a índices de até 35% ou 40%).[2] Com o tempo, esse pequeno ajuste pode aumentar significativamente nosso retorno em investimentos depois dos impostos.

Por fim, saiba que começar é a parte mais difícil. Provavelmente não vamos querer comprar todas as 30 ações ao mesmo tempo. Para repetir os resultados dos nossos testes, vamos ter de lidar com a carteira montada pela fórmula mágica durante o primeiro ano de nossos investimentos. Isso quer dizer adicionar de cinco a sete ações à carteira a cada poucos meses, até chegarmos às 20 ou 30 ações da nossa carteira ideal. Daí em diante, conforme nossas ações forem alcançando a marca de um ano em carteira, vamos substituir apenas aquelas cinco ou sete que foram mantidas por esse período. Se isso parece um pouco confuso, não se preocupe; daqui a pouco vêm as instruções passo a passo.

---

[2] No Brasil temos dois caminhos para impostos sobre ações. As vendas mensais de ações com valores acima de R$ 20 mil têm incidência de Imposto de Renda sobre os lucros, a alíquota é de 15%. Já no Day Trade, ela é de 20%. Neste sentido, o cálculo efetivo de pagamento de imposto leva em consideração o balanço de ganhos e perdas de todas as operações. Aqui o governo não oferece menores alíquotas dependendo do prazo. Desta forma, se não for Day Trade, a alíquota é fixa em 15%, independentemente do prazo. O que pode acontecer é que as ações que desvalorizaram ajudam a abater do ganho de capital daquelas que valorizaram, mas não significa que a alíquota seja menor.

Dito isso, agora precisamos abordar algumas táticas simples para encontrar as ações com a colaboração da fórmula mágica. Existem muitas opções de pacotes de análise que nos ajudam a compreender o universo das ações disponíveis, desde programas baseados na web até programas que usam a web para atualizações. Algumas dessas opções são gratuitas, enquanto outras podem custar até 99 dólares por mês ou mais. Cada uma dessas alternativas tem vantagens e desvantagens, em termos de facilidade de uso, confiabilidade, flexibilidade e amplitude das fontes de dados. A maioria é capaz de gerar um número razoável de ações pela fórmula mágica se algumas condições forem respeitadas, e é disso que vamos falar a seguir.

Uma opção de análise foi criada especificamente para este livro: *magicformulainvesting.com*. Este site foi elaborado para imitar o mais próximo possível os retornos obtidos em nosso estudo. Atualmente, ele tem acesso livre. A seguir, apresento as instruções passo a passo para escolher ações usando as informações no site.

Opção 1: Magicformulainvesting.com

Passo 1
Acesse magicformulainvesting.com

Passo 2
Siga as instruções do site para escolher o tamanho da companhia (por exemplo, a que tem capitalização de mercado acima de 50 milhões, de 200 milhões ou de 1 bilhão de dólares etc.). Para a maioria das pessoas, companhias cuja capitalização de mercado supera 50 milhões ou 100 milhões de mercado já devem ter tamanho suficiente.

Passo 3
Siga as instruções para obter a lista das companhias mais bem classificadas para a fórmula mágica.

Passo 4
Compre ações de cinco a sete das companhias mais bem classificadas. Para começar, invista somente de 20% a 33% do dinheiro que pretende investir no primeiro ano.

Passo 5
Repita o Passo 4 a cada dois ou três meses até ter investido todo o dinheiro que resolveu alocar para a sua carteira da fórmula mágica. Depois de nove ou dez meses, esse processo deve resultar numa carteira com 20 a 30 ações (por exemplo, num ritmo de sete ações a cada três meses ou de cinco ou seis ações a cada dois meses).

Passo 6
Venda cada uma das ações depois de um ano. No caso de contas sujeitas a tarifação, venda as vencedoras um ou dois dias após completarem um ano e, no caso das perdedoras, venda-as alguns dias antes de tê-las mantido por um ano (como já descrevemos anteriormente). Use o resultado de qualquer venda e mais algum dinheiro adicional de investimento para substituir as companhias vendidas por novas compras dentro das sugestões da fórmula mágica até chegar ao mesmo número que possuía anteriormente (como no Passo 4).

Passo 7
Continue com esse processo por muitos anos. *Lembre-se de que você deve se comprometer a manter vivo esse processo por um mínimo de três a cinco anos, sejam quais forem os resultados, caso contrário, o mais provável é que você abandone a fórmula mágica antes que ela tenha chance de dar certo!*

Passo 8
Sinta-se à vontade para me escrever agradecendo.

Opção 2: Instruções para análise geral

Se utilizar alguma outra opção de análise que não o site magicformulainvesting.com,[3] você deve recorrer aos passos descritos a seguir para se aproximar dos resultados da fórmula mágica:

- Use o ROA (índice de retorno sobre ativos)[4] como critério de análise. Defina o ROA mínimo em 25%. (Isso fará o papel do *retorno sobre o capital* do estudo da fórmula mágica.)

- Após montar o grupo com as ações de ROA mais alto, analise as que oferecem a *menor* proporção Preço sobre Lucro (P/L).[5] (Isso fará o papel do *rendimento dos lucros* do estudo da fórmula mágica.)

- Elimine da lista todas as ações relativas a finanças e a serviços de utilidade pública (isto é, fundos mútuos, bancos e seguradoras).

- Elimine da lista todas as empresas estrangeiras. Na maioria dos casos, essas companhias exibem a sigla "ADR" (de "American Depository Receipt") após o nome da ação.[6]

- Se uma ação exibe uma proporção P/L muito baixa – digamos cinco ou menos –, isso pode indicar que o ano anterior ou os dados que estão sendo usados são incomuns em algum

---

3 Sites como https://www.guiainvest.com.br e o http://fundamentus.com.br, entre outros, podem te auxiliar a listar as melhores empresas com base nos indicadores ROA e P/L.

4 Também pode-se usar o ROE (Retorno sobre Patrimônio Líquido), do inglês *Return on Equity*.

5 Também conhecido como P/E, do inglês Price-to-Earnings Ratio.

6 No Brasil, são emitidos os *Brazilian Depositary Receipts* (BDRs), certificados de depósito emitidos e negociados no Brasil, com lastro em valores mobiliários de emissão de companhias estrangeiras.

sentido. É melhor eliminar essas ações da sua lista também. Aliás, o melhor a fazer é eliminar qualquer companhia que tenha anunciado lucros na última semana. (Isso deve ajuda a minimizar a incidência de dados incorretos ou inoportunos.)

- Após montar sua lista, siga os Passos de 4 a 8 das instruções do magicformulainvesting.com.

Posfácio

Em meu primeiro livro, contei a história do camponês que é condenado à morte pelo rei. Diante de sua sentença, o homem se ajoelha perante o rei e diz: "Oh, grande e glorioso rei, se permitir que eu viva mais um ano apenas, prometo que posso ensinar o cavalo real a falar!". Pensando que não tinha nada a perder, o rei concordou com o pedido do camponês. A caminho da saída da sala do trono, um dos guardas puxou o camponês de lado e lhe perguntou: "Por que cargas d'água você prometeu ao rei que poderia ensinar o cavalo dele a falar? Claro que não vai conseguir e, ao fim de um ano, o rei vai mandar matá-lo novamente!". O camponês então se virou para o guarda com toda a calma e respondeu: "Bom, pode acontecer muita coisa em um ano. Talvez o rei se esqueça de mim. Talvez o rei morra. Talvez o cavalo morra. E, se eu realmente tiver sorte, talvez o cavalo *realmente* aprenda a falar em um ano!".

Bom, passaram-se anos desde que escrevi a primeira versão deste livro. Não sei ao certo se tivemos sorte ou não, mas muita coisa de fato aconteceu. A bolsa de valores, medida pelo índice S&P 500, primeiro subiu, depois despencou, então se recuperou mais ou menos no nível em que tínhamos começado em 2005 (mas ainda ligeiramente abaixo do índice de dez anos antes). A economia passou por uma bolha do setor imobiliário em 2007, por uma profunda recessão e por uma recuperação parcial. Tendo em vista toda essa movimentação nos mercados e na economia, o que nós aprendemos? Será que eu mudaria alguma coisa da edição original? Acrescentaria algo?

Eu sei o que você quer saber: Como foi o desempenho da fórmula mágica desde a edição original do livro em 2005?

Bem, sem dúvida, certas coisas não mudaram. Os princípios nos quais se baseiam a fórmula mágica ainda são os mesmos. Ben Graham nos ensinou que manter uma larga margem de segurança quando investimos é o conceito mais importante nessa atividade. Em outras palavras, descubra quanto vale alguma coisa e então pague muito menos. Manter uma grande distância entre o valor de uma companhia e o preço que vamos pagar cria uma margem de segurança e leva a um investimento de sucesso no longo prazo.

A descrição do nosso querido personagem sr. Mercado, que Graham nos legou, também continua sendo especialmente relevante e poderosa. Os mercados são emocionais e frequentemente vão a extremos de pessimismo e de otimismo, e os preços podem flutuar excessivamente – como de fato costuma acontecer – e em níveis significativos em curtos períodos de tempo. Certamente presenciamos essas oscilações com bastante frequência nos anos mais recentes. Sim, o que Graham salientou é que o valor de longo prazo de um negócio não pode mudar tantas vezes e de modo tão drástico quanto parecem sugerir os preços das ações. Essas oscilações emocionais dos preços, que às vezes produzem preços de ações com grande desconto em relação ao valor do negócio subjacente, podem ser exploradas pelo investidor inteligente. Mas essas oportunidades de pechinchas geralmente encontram o investidor que tem em mente a disparidade entre preço e valor, mais do que aquele que toma decisões movido pela emoção.

A fórmula mágica busca encontrar um grupo de companhias que, na média, esteja negociando a preços irrisórios em relação ao seu verdadeiro valor, e também busca essa margem de segurança.

Para isso, vai atrás das companhias que ganham bastante em relação ao preço que estamos pagando. Quanto maiores os lucros que obtemos em relação ao preço que estamos pagando, melhor. A fórmula em si não usa lucros simples nem preços simples (a fórmula efetua ajustes nas diferenças de débito e tarifas entre as empresas), mas a ideia é exatamente a mesma. A fórmula classifica sistematicamente as companhias com base em quanto parecem baratas em relação aos seus lucros. E, como se trata de uma fórmula, as emoções do sr. Mercado são completamente deixadas de fora da equação.

Entretanto, a fórmula mágica tenta fazer algo mais antes de decidir quais companhias comprar. Essa parte da fórmula foi inspirada no aluno mais famoso de Graham: Warren Buffett. Investidor conhecido no mundo todo, Buffett adicionou um conceito especialmente poderoso à ideia original de Graham de buscar pechinchas por meio de investimentos com ampla margem de segurança. Esse aperfeiçoamento aparentemente pequeno pode ser uma das principais razões pelas quais Buffett se tornou um dos investidores mais bem-sucedidos da história. O que Buffett disse essencialmente (muito influenciado por seu sócio, Charlie Munger) é que é ótimo comprar um negócio por um preço irrisório, porém comprar um *bom* negócio por um preço irrisório é ainda melhor.

O valor dos bons negócios normalmente aumenta com o tempo. Os maus, por sua vez, perdem valor. Quando se compra um mau negócio, o que de início parece uma larga margem de segurança acaba encolhendo – ou até desaparecendo por completo – à medida que um investimento contínuo naquele mau negócio (lembre-se da Só Brócolis) destrói seu valor com o passar dos anos. Com o bom negócio, acontece o oposto. Possuir um negócio que é capaz de investir continuamente seus lucros com alto índice de retorno (pense no retorno de 50% de cada nova loja da rede de Jason) pode de fato gerar valor adicional ao longo dos anos e efetivamente aumentar a margem de segurança original.

A fórmula mágica, então, busca sistematicamente companhias que estejam em bons negócios. Para que continue a operar, um negócio precisa de duas coisas: capital de giro e ativos fixos. No caso da rede de lojas do Jason, o capital de giro necessário para o negócio significa ter dinheiro suficiente para comprar seu estoque de gomas de mascar. Os ativos fixos devem incluir os mostruários e a loja propriamente dita. A fórmula simplesmente busca definir com que grau de êxito cada companhia pode converter seus investimentos em capital de giro e ativos fixos em lucro. Quanto maior for o lucro da companhia em relação a seus investimentos em capital de giro e ativos fixos, melhor a classificação do negócio segundo a fórmula mágica.

Mais uma vez, a fórmula não busca apenas as companhias mais baratas que se podem encontrar, tampouco as melhores. A fórmula mágica tenta comprar as companhias que proporcionam a melhor combinação entre serem boas e baratas. E esse conceito não mudou nos últimos cinco anos. O preço das ações evidentemente muda com o tempo, assim como os lucros. A fórmula leva essas mudanças em conta e em seguida classifica as companhias, comparando-as entre si. Enquanto o índice típico da bolsa de valores é basicamente comprar a companhia média ao preço médio, a fórmula mágica busca comprar companhias acima da média, mas somente quando estão disponíveis a preços abaixo da média. Essa estratégia de investimento não só tem um sentido lógico – como voltaremos a examinar –, como também parece funcionar no longo prazo.

Infelizmente, alguns problemas podem ser enfrentados no curto prazo. A fórmula mágica tem alguns defeitos graves, e os dois mais relevantes são com certeza bem grandes. O primeiro está relacionado ao fato de que em muitos momentos a fórmula não aparenta estar funcionando. Um dos motivos pelos quais sei disso é o grande número de e-mails que recebo desde a publicação da primeira versão deste livro. É realmente uma dureza manter-se fiel a uma estratégia que não tem trazido resultados há seis meses, um ano ou ainda mais tempo. Isso é especialmente assustador no caso de uma estratégia que sugere a compra de 20 ou 30 companhias escolhidas pelo computador.

Mais assustador ainda no caso das pessoas que acompanham o mercado de ações nos jornais. Quase todas as companhias selecionadas pela fórmula agora estão desfavorecidas por um motivo ou outro. A agitação do mercado imobiliário já cedeu, a reforma dos serviços à saúde vai arrasar os ganhos e o consumidor está mais do que endividado; sempre há grandes motivos para não possuir nenhuma das ações classificadas no topo da lista da fórmula mágica. Aliás, muitas dessas companhias não batem o mercado. Em geral, apenas de 50% a 60% das ações mais bem classificadas tiveram desempenho melhor do que o mercado em nossos testes. No entanto, na média, as carteiras da fórmula mágica tiveram um desempenho muito bom. Por quê?

Pense o seguinte: se a expectativa do investidor para o futuro próximo for razoavelmente pessimista para a maior parte das companhias escolhidas pela fórmula mágica, é bastante difícil ele se decepcionar. Se é esperado que algumas companhias escolhidas pela fórmula mágica tenham poucos lucros nos próximos anos, quando esses poucos lucros de fato acontecerem, o preço da ação pode não cair muito. Em muitos casos, o preço de compra estava abaixo da média porque já refletia essa baixa expectativa. Por outro lado, se os lucros são ligeiramente ou significativamente melhores do que a expectativa pessimista refletida no preço de compra da ação, com frequência é possível obter um expressivo desempenho maior nos anos vindouros por parte dessas companhias.

Portanto, se não perdermos muito com as companhias cujos lucros não foram ótimos nos poucos anos seguintes, e se pudermos ganhar bastante com as companhias que renderam um pouco mais ou significativamente mais do que nossas expectativas que já eram baixas, então será um negócio muito bom! Na média e com o tempo, ao que tudo indica, comprar uma carteira com 20 ou 30 ações da fórmula mágica rende retornos bastante satisfatórios. É só que muitas vezes, em intervalos de tempo mais breves – e às vezes não tão breves – essa estratégia falha.

Diante disso, então, quero propor uma ideia. Por que não escolher apenas algumas ações dentre as mais bem classificadas da lista da fórmula mágica em vez de comprar todas elas? Nos últimos cinco anos, muitas pessoas me escreveram sugerindo essa mudança na estratégia da fórmula mágica. Talvez possamos eliminar apenas as companhias farmacêuticas, que podem sofrer o impacto negativo das mudanças introduzidas pela reforma nos serviços de saúde, ou ainda as ações ao consumidor que vão sofrer com a recessão que se avizinha, assim como outras companhias que, por um motivo ou outro, não parecem estar num contexto tão incrível neste momento.

Claro que isso faz todo o sentido. O único problema é que ainda não descobrimos uma boa maneira de fazer isso. A maior parte das companhias escolhidas pela fórmula mágica está enfrentando ventos contrários ou incertezas de algum tipo. Como sabemos, pouco conhecimento pode ser perigoso, e costuma ser difícil discernir quais companhias se sairão um pouco melhor do que as expectativas geralmente baixas já refletidas no preço da ação. Em vez disso, uma alternativa a escolher apenas algumas ações dentre as melhores é pensar que a nossa estratégia de selecionar de 20 a 30 ações da fórmula mágica é parecida com o modo de operar de uma seguradora.

Quando uma seguradora vende seguro de vida para mil pessoas de determinada idade, a empresa pode formular uma hipótese bastante boa sobre quantas delas não terão a sorte de chegar ao fim de mais um ano (para usar palavras menos assustadoras). A seguradora não sabe com precisão quais dentre as mil não sobreviverão, mas pode estimar com boa margem de certeza quantas pessoas, em média, não verão o ano seguinte. Nesse mesmo sentido, quando compramos uma carteira de 20 a 30 ações de alta classificação pela fórmula mágica, não sabemos com antecedência quais delas terão desempenho superior ao mercado. Sabemos somente que, na média, estamos comprando companhias que podem gerar altos retornos sobre o capital. O resultado final é uma carteira que, na média, consiste em companhias acima da média, compradas a preços abaixo da média.

Embora essa estratégia pareça fazer sentido no longo prazo, no curto prazo o sr. Mercado pode não cooperar. Com isso, o primeiro defeito da nossa fórmula é muito claro. A estratégia da fórmula mágica pode ter um desempenho pior do que o do mercado durante anos, mas aqui temos um ponto importante para lembrar. Se a fórmula de fato funcionasse todos os meses, todos os trimestres, todos os anos (e daí um bobão resolve escrever um livro inteiro sobre isso), basicamente todo mundo passaria a adotá-la. Com isso, o preço das ações escolhidas pela fórmula começaria a subir continuamente e, com o tempo, a fórmula deixaria de funcionar. Em certo sentido, o melhor da fórmula é o fato de ela não ser assim tão boa à primeira vista.

A fim de seguir e se manter fiel à fórmula, você é basicamente forçado a comprar um grupo de companhias desfavorecidas que ninguém que lê jornal pensaria em comprar. Depois, é capaz que você fique anos a fio sem mexer na sua carteira enquanto as ações têm desempenho pior do que o do mercado. Em suma, se você pudesse dar uma olhada na minha caixa de entrada de e-mails dos últimos cinco anos, não se preocuparia muito com o fato de que muitas pessoas que leram este livro usaram a fórmula e acabaram com ela. Basicamente, é muito difícil manter uma estratégia que não funciona por anos a fio.

Vamos então ao segundo grande defeito. Em certo sentido, é ainda pior do que o primeiro. Apesar de parecer óbvio, também representa um problema que eu sinceramente queria ter enfatizado da primeira vez. É o seguinte: *bater o mercado não é o mesmo que ganhar dinheiro*. Como estamos comprando uma carteira do tamanho de 100% da bolsa de valores, se a bolsa cai, nossa carteira também pode cair. Se a bolsa cai 40% e batemos o mercado porque só perdemos 38%, o consolo é bem pequeno.

Embora eu acredite firmemente que, no caso da maioria das pessoas, investir no mercado de ações deve representar uma parcela expressiva de sua carteira de investimentos, o tamanho dessa parcela pode ter uma ampla variação. Com alguns investidores, o número certo pode ser 40% de sua carteira total, e com outros pode ser 80%. O quanto você deve investir é uma decisão que deve se basear em várias considerações de natureza pessoal, mas em termos da parcela que você resolve investir na bolsa de valores, eu verdadeiramente acredito que a estratégia da fórmula mágica continua sendo uma das melhores opções. Infelizmente, o quanto especificamente você deve investir na bolsa, para início de conversa, é uma questão mais delicada.

Quanto você está disposto a (ou pode) perder antes de entrar totalmente em pânico? É importante ter em mente que não faz sentido investir uma parcela grande de seus bens numa estratégia de longo prazo, se você não consegue aguentar a dor quando essa estratégia não dá resultado por anos a fio. No caso da fórmula mágica, é inevitável que venham tempos difíceis. Como acabamos de ver, a fórmula pode ter um desempenho pior do que o do mercado durante anos, e também pode perder muito dinheiro se o mercado cair.

Agora, vamos dar uma olhada nos resultados atualizados – ganhos e perdas – da fórmula mágica, como aparecem na Tabela A.1, para ver o que acontece, mesmo quando uma estratégia de longo prazo de fato traz resultados.

Apesar de seus defeitos, a fórmula certamente parece ter funcionado bem no longo prazo (felizmente, também recebi e-mails agradáveis a esse respeito), mas, durante dez anos (1999-2009), os resultados do nosso teste com, aproximadamente, as mil maiores companhias dos Estados Unidos (com capitalização de mercado acima de 1 bilhão de dólares) contaram uma história interessante. Esse foi um dos raros períodos de dez anos em que o índice S&P 500 de fato caiu. De acordo com nossos *backtests* [modelo de predição utilizando dados históricos], por outro lado, a fórmula conseguiu ganhar 255% nesse mesmo período (fazendo com que nosso dinheiro mais do que triplicasse!). Isso representa um retorno anualizado de 13,5% durante os dez anos em que o índice S&P caiu 0,9% ao ano.

Tabela A.1 Resultados atualizados da fórmula mágica até 2009

	1.000 maiores ações (mais de 1 bilhão de dólares)	3.500 maiores ações (mais de 50 milhões de dólares)	S&P 500
1988	29.4%	27,1%	16,6%
1989	30,0	44,6	31,7
1990	(6,0)	1,7	(3,1)
1991	51,5	70,6	30,5
1992	16,4	32,4	7,6
1993	0,5	17,2	10,1
1994	15,3	22,0	1,3
1995	55,9	34,0	37,6
1996	37,4	17,3	23,0
1997	41,0	40,4	33,4
1998	32,6	25,5	28,6
1999	14,4	53,0	21,0
2000	12,8	7,9	(9,1)
2001	38,2	69,6	(11,9)
2002	(25,3)	(4,0)	(22,1)

(continua)

(continuação)

	1.000 maiores ações (mais de 1 bilhão de dólares)	3.500 maiores ações (mais de 50 milhões de dólares)	S&P 500
2003	50,5	79,9	28,7
2004	27,6	19,3	10,9
2005	28,9	11,1	4,9
2006	18,1	28,5	15,8
2007	7,1	(8,8)	5,5
2008	(38,8)	(39,3)	(37,0)
2009	58,9	42,9	26,5
	19,7%	23,8%	9,5%

Mas a questão é que, mesmo durante esse ótimo período de dez anos durante os quais a fórmula teve desempenho superior ao mercado, os investidores ainda tiveram de suportar uma dose extensa de maus desempenhos. De fato, durante esses dez anos, houve um período de 34 meses em que a fórmula foi pior do que o índice S&P, além de um período adicional de 13 meses, não sobrepostos, de mau desempenho. A soma desses intervalos representa quase quatro anos de mau desempenho durante um período de dez anos espetaculares em que a fórmula se saiu melhor do que o índice por mais de 14% ao ano. Durante um período em que a fórmula tem melhor desempenho do que o índice por uma margem de apenas 5% a 10% ao ano, imagine a paciência que devem ter os investidores da fórmula!

Merece atenção especial o fato de 2007 ter sido um ano excepcionalmente ruim para nossa estratégia *all-cap* (que escolheu companhias de apenas 50 milhões de dólares em capitalização de mercado). Em 2007, essa carteira perdeu 8,8% durante o período em que o mercado mensurado pelo S&P 500 tinha subido

5,5% e nossa carteira da fórmula mágica com ações escolhidas dentre as mil maiores havia lucrado 7,1%. Além das advertências de praxe sobre a imprevisibilidade das carteiras da nossa fórmula mágica em períodos de mais curto prazo, 2007 foi um ano particularmente ruim para ações consideradas "de valor" e também para ações pequenas em geral. Em 2007, por exemplo, o índice de "crescimento" das ações de pequena capitalização (compilado por Russell) saiu-se melhor do que o índice de "valor" dessas ações em 16,8%; as ações de alta capitalização tiveram desempenho melhor do que as de baixa capitalização em 7,3%. Essa combinação foi especialmente difícil para nossa carteira de ações de menor capitalização da fórmula mágica.

Temos, porém, algo encorajador a levar em consideração. Se alguém nos dissesse que o mercado – mensurado pelo índice S&P 500 – iria ficar em baixa nos próximos dez aos (e nós acreditássemos), provavelmente encontraríamos outra coisa para fazer com nosso dinheiro. Afinal, se (de algum modo) sabemos com antecedência que o mercado vai ficar em baixa, por que investir? Neste caso, entretanto, mesmo com essa informação perfeita, teríamos tomado a decisão errada. Ao seguir a fórmula mágica e comprar companhias acima da média a preços abaixo da média, em vez de comprar companhias médias a preços médios (como um índice deve recomendar), fomos capazes de mais do que triplicar nosso dinheiro durante um período em que o índice de mercado estava em baixa! Evidentemente, esse foi um período de dez anos especialmente bom para a fórmula, mas, na maioria dos intervalos de mesma duração, o mercado está em alta. Combinando um retorno mais usual do mercado em alta da ordem de, digamos, 5% ao ano, com um desempenho superior de até 5% ou 10%, também pode-se ter alguns retornos gerais bastante atraentes.

Mas por que, para começo de conversa, devemos nos preocupar se o mercado vai entrar em alta? Na versão original deste livro, em 2005, mostrei o gráfico de um experimento em que pegamos em torno das 2.500 maiores companhias dos Estados Unidos e as classificamos mês a mês de acordo com a fórmula mágica. Depois, dividimos todas as 2.500 em grupos de 10% (decil) de acordo com sua classificação e mantivemos cada ação por um ano. Nesse sistema, o primeiro grupo de 250 ações teve a classificação mais elevada, e então foi seguido pelo Grupo 2 (o grupo seguinte das 250 ações mais bem classificadas) e daí em diante até o Grupo 10 (com as 250 companhias que a fórmula considerou de preço exagerado, mas também entendeu que eram maus negócios. Os resultados, atualizados até o final de 2009, aparecem na Tabela A.2.

Mais uma vez, o Grupo 1 bate todos os grupos, o Grupo 2 bate o Grupo 3, que bate o Grupo 4, continuando em ordem até o Grupo 10 (que na realidade perde um pouco de dinheiro). Com certeza, baseada nesses resultados, a fórmula mágica parece muito poderosa. E não só parece ter significado para as ações classificadas no topo da lista, como suas classificações parecem ter significado através de todo o universo de ações.

Tabela A.2 Retorno atualizado (1988-2009)

Grupo 1	15,2%
Grupo 2	12,7%
Grupo 3	12,1%
Grupo 4	11,5%
Grupo 5	10,7%
Grupo 6	10,2%
Grupo 7	8,8%
Grupo 8	7,1%
Grupo 9	4,1%
Grupo 10	(0,2)%

A primeira versão do gráfico, publicada na edição original, fascinou muitos leitores. Meus alunos mais aplicados, alguns gestores financeiros de ponta e muitas pessoas inteligentes entraram em contato comigo com uma sugestão lógica, mas resultado de muitas reflexões. Todos perguntavam por que apenas não comprar as ações do decil superior do Grupo 1 e vender a descoberto as ações do decil inferior do Grupo 10? (Explicando melhor, "vender a descoberto" é uma maneira de apostar que a ação vai cair.) Em outras palavras, por que não ganhar 15,4% (15,2% de possuir ações do Grupo 1 mais 0,2% de vender as do Grupo 10 a descoberto) sem correr qualquer risco do mercado? Com as duas estratégias ao mesmo tempo, você pode minimizar os riscos, ganhar um monte de dinheiro e, ainda por cima, não terá de se preocupar se o mercado sobe ou desce.

Em primeiro lugar, quero agradecer a todos que me enviaram essa sugestão inspirada e bem fundamentada, mas aproveitar para mencionar novamente um dos defeitinhos da fórmula mágica. Ela simplesmente não é muito cooperativa. Nem sempre funciona. Às vezes, as ações de melhor classificação caem ao mesmo tempo que as mais baixas da lista sobem. Claro que, no longo prazo, a fórmula parece funcionar em ordem, e o Grupo 1 bate o Grupo 10 por uma grande margem. É só que, no curto prazo, o sr. Mercado pode decidir seguir outra direção.

Se nós realmente tivéssemos tentado essa estratégia de comprar todas as ações do Grupo 1 e vendido a descoberto todas as do Grupo 10 nesse período de 22 anos (1988-2009), teríamos passado por muitos apuros. Em vez de ganhar 15,4% (15,2% das ações que você possui do Grupo 1 e 0,2% das vendas a descoberto do Grupo 10), em algum momento do ano 2000 teríamos enfrentado um pequeno percalço. Tá bom, teríamos enfrentado um grande percalço. Ok, ok. Teríamos falido depois de perder 100% do nosso dinheiro. Seja qual for a duração do nosso horizonte de tempo, o número 0 não é nada bom...

Por isso, por mais grato que eu esteja por todas as sugestões, o que se vê é que a fórmula simplesmente não funciona bem com outras (e nem com ela mesma). Por outro lado, pode haver algo de bom em tudo isso. Se a fórmula fosse mais cooperativa e fosse fácil coordenar o curto prazo com nossas ações de melhor classificação, nossos ótimos retornos poderiam ser mais facilmente arbitrados com o tempo, por meio da compra das ações mais bem classificadas e da venda das ações de pior classificação. (Se você não sabe o que "arbitrar" quer dizer, não se preocupe. Apenas siga adiante com a leitura.)

Em vez disso, se realmente queremos montar uma estratégia com ações que possuímos e as que vendemos a descoberto (e que não seja uma "roubada"), provavelmente teremos de fazer algumas concessões com as ações do nosso Grupo 1 para um melhor ajuste com a movimentação de curto prazo de nossa carteira de vendas a descoberto. Toda vez que fizermos concessões (talvez comprando companhias que operam no mesmo segmento ou com as mesmas características de volatilidade que nossa carteira a descoberto), teríamos de evitar possuir uma carteira que realmente representasse a melhor combinação de bons negócios a preços irrisórios. Nossa parcela de ações a descoberto teria de fazer o possível para se distanciar das companhias que tivessem os piores negócios e os preços mais altos.

Entretanto, quanto mais tentamos combinar as ações que possuímos com as ações a descoberto, mais nos afastamos de possuir nossas ações prediletas pela fórmula mágica e de vender a descoberto as companhias listadas como as menos atraentes. Assim, o longo prazo não ser tão cooperativo como o curto prazo é provavelmente uma boa característica em se tratando da estratégia que rege este livro. Como resultado, a maioria dos benefícios da fórmula continuará alcançando o grupo muito menor de investidores que conseguem manter um verdadeiro horizonte de longo prazo.

Uma característica adicional da estratégia da fórmula mágica não é necessariamente boa ou má. Porém, com base em nossos testes históricos atualizados, provavelmente é útil ter em mente o seguinte: ao longo de 22 anos, quando se compara o desempenho das carteiras da fórmula mágica nos meses de alta e de baixa do índice S&P 500, verifica-se que uma boa parte do desempenho superior de nossas carteiras resulta dos meses de alta. Em média, durante esse período de 22 anos, a carteira da fórmula mágica "capturou" 95% do desempenho do S&P 500 nos meses de baixa e 140% do desempenho nos meses de alta.

Considerando todas as variáveis, eu provavelmente preferiria que a estratégia tivesse melhor desempenho quando o mercado estivesse em baixa, não em alta, mas acho que esse é apenas outro aspecto em que a fórmula mágica não está sendo cooperativa. A maioria poderia esperar que as ações de valor (principalmente porque já são consideradas baratas na aquisição) aguentassem bem melhor quando o mercado estivesse em baixa e talvez, quando estivesse em alta, tivessem um desempenho um pouco pior. É provável que isso realmente aconteça no caso de ações que estão sendo vendidas a baixos múltiplos preço/valor contábil ou do preço/venda. Contudo, está bem claro que esse não tem sido o caso da fórmula mágica desde 1988. Posso apenas conjecturar que, sendo a fórmula mágica fortemente baseada nos lucros, durante fases de baixa do mercado os investidores sentem menos a proteção dos altos lucros recentes de uma companhia do que dos altos níveis de seus ativos ou de suas vendas. De todo modo, perder um pouco menos nos mercados em baixa e ganhar muito mais nos mercados em alta ainda poderia ser considerado um ótimo negócio, se esse padrão se mantivesse por algum tempo.

Outra questão formulada com frequência nos últimos anos refere-se à possibilidade de a fórmula mágica também funcionar fora dos Estados Unidos. Depois que escrevi a edição original, algumas firmas de Wall Street de fato realizaram pesquisas nesse sentido (mostrando que a fórmula funcionou em praticamente todas as bolsas estrangeiras testadas), mas nós não conduzimos nenhum dos nossos próprios testes históricos para estudo desses cenários, e não fizemos isso por dois motivos. O primeiro é que os dados históricos sobre bolsas de valores fora dos Estados Unidos são seriamente comprometidos e, portanto, os resultados de testes históricos não seriam tão confiáveis. Entretanto, é útil saber que a maioria dos estudos históricos realizados nas últimas décadas envolvendo características clássicas do valor (que são menos problemáticas de se testar), como preço baixo em relação a lucros, preço baixo em relação ao valor contábil e preço baixo em relação a vendas, revelou-se igualmente eficiente tanto nos Estados Unidos como nos mercados internacionais. O segundo, porém, e talvez mais importante, é o fato de que confiamos que os princípios por trás da fórmula mágica são universais. Comprar companhias acima da média a preços abaixo da média faz sentido em todas as bolsas de valores. Portanto, temos poucas dúvidas de que a lógica na base da fórmula mágica vai se mostrar muito poderosa nos mercados desenvolvidos e em desenvolvimento do mundo todo, **no longo prazo**.

Por fim, devo ainda admitir algo muito importante. Por mais que eu tenha tentado simplificar o processo de seguir a fórmula mágica ao longo dos últimos anos – criando um site gratuito para que você obtenha as ações de melhor classificação, oferecendo instruções simples de compra, delineando um regime de venda disciplinado e eficiente quanto a tributos –, pode ser difícil colocá-lo em prática. Por mais direto e objetivo que o processo possa parecer, ele ainda envolve muitas compras a serem feitas, ações a serem acompanhadas, momentos de agir a serem lembrados e registros a serem mantidos.

O interessante é que, mesmo depois de termos criado um novo site para tornar mais fácil a estratégia da fórmula para poder ser seguida pela maioria das pessoas, verificamos que quase todas ainda preferem que alguém faça isso por elas. Aliás, quando puderam optar, 97% dos usuários do novo site escolheram que alguém pusesse a fórmula em prática para eles em vez de fazer escolhas individualizadas e eles mesmos gerirem a carteira e os processos. Posso apenas dizer que entendo essa atitude bem melhor agora do que quando escrevi a primeira versão do livro em 2005.

E talvez isso até seja bom, pois, depois que você escolheu uma estratégia de longo prazo que faz sentido e em que confia, ficar acompanhando o desempenho de suas ações todos os dias, meses ou até a cada trimestre pode não ser boa ideia. Caso você possa deixar a cargo de alguém as decisões do dia a dia, ou de cada trimestre, é menos provável que você tome uma má decisão, tomado por um impulso, bem no pior momento. Mesmo no caso dos investidores que optarem por fazer isso por si próprios, manter uma perspectiva de longo prazo continuará sendo o principal elemento de sucesso da nossa estratégia.

Depois dos últimos anos, continuo acreditando, com a mesma convicção de quando escrevi a primeira versão desta obra, que a estratégia da fórmula mágica pode desempenhar um papel muito importante na parcela de sua carteira de investimento destinada à bolsa de valores. É uma estratégia de longo prazo, porém, e como sabemos, pode não ter um desempenho melhor do que a bolsa de valores durante anos. E você ainda pode perder dinheiro mesmo durante um período de desempenho superior. Mas não há como negar que a fórmula faz sentido. Uma estratégia disciplinada que compra companhias acima da média a preços abaixo da média deve funcionar bem no longo prazo. O desafio é se manter fiel a ela e sustentá-la no longo prazo. Sinceramente, espero que algumas das lições aprendidas e o conhecimento oferecido por este livro ajudem você a enfrentar o desafio. Desejo boa sorte a todos (porque duvido muito que o cavalo aprenda a falar)!

Joel Greenblatt

Apêndice

Não é obrigatório ler este apêndice. A fim de empregar com sucesso a estratégia da fórmula mágica, você deve entender dois conceitos básicos. *O primeiro é que faz sentido comprar boas companhias por preços irrisórios.* De modo geral, é isso que a fórmula mágica faz. *O segundo é que o sr. Mercado pode levar vários anos até reconhecer uma pechincha.* Portanto, a estratégia da fórmula mágica requer paciência. As informações que vêm a seguir nesta seção são apenas comentários adicionais a esses dois pontos.

Este apêndice inclui informações básicas sobre a fórmula mágica para aqueles que têm um nível mais elevado de entendimento de demonstrativos financeiros e, além disso, compara a lógica e os resultados da estratégia da fórmula mágica com outros estudos e métodos que demonstraram capacidade para bater o mercado.

A fórmula mágica

A estratégia que apresentamos neste livro classifica as companhias segundo dois fatores: *retorno do capital* e *resultados de rendimento*. Esses fatores podem ser mensurados de vários modos. As mensurações escolhidas para o estudo neste livro são descritas em mais detalhes a seguir:[1]

1. Retorno sobre o capital
EBIT (capital de giro líquido + ativos fixos líquidos)

O retorno sobre o capital foi mensurado com o cálculo da proporção dos lucros operacionais antes dos impostos (EBIT) em relação ao *capital tangível empregado* (capital de giro líquido + ativos fixos líquidos). Por vários motivos, essa proporção foi adotada no

---

[1] Para os fins deste estudo, os números relativos aos lucros foram baseados no período dos últimos 12 meses; os itens do balanço foram baseados no mais recente disponível, e os preços do mercado foram baseados nos preços de fechamento também mais recentes. Foram eliminados serviços de utilidade pública, ações financeiras e companhias sobre os quais não poderíamos ter garantia de que as informações de sua base de dados fossem atualizadas e completas. Também fizemos ajustes para alguns passivos isentos de juros. O estudo foi estruturado de modo que, em média, 30 ações fossem mantidas durante o período do estudo. Foram excluídas do estudo ações de liquidez apenas limitada. As capitalizações de mercado foram determinadas na moeda americana de 2003. O número de companhias em cada decil e o número de companhias em cada grupo de capitalização de mercado flutuaram conforme o número de companhias na base de dados variou durante o período do estudo.

lugar das proporções mais normalmente utilizadas – *retorno sobre o capital privado* (ROE, lucros/capital) ou *retorno sobre ativos* (ROA, lucros/ativos).

O EBIT (*lucros antes de juros e impostos*) foi usado no lugar dos lucros reportados porque as companhias operam com diferentes níveis de débito e diferentes índices tarifários. Usar os lucros operacionais antes de juros e impostos nos permitiu visualizar e comparar os lucros operacionais de diversas companhias sem as distorções decorrentes das diferenças nos índices tarifários e nos níveis de débito. Para cada companhia foi possível então comparar os ganhos reais resultantes da operação (EBIT) com o custo dos ativos usados para produzir esses ganhos (o capital tangível empregado).[2]

A equação capital operacional líquido + ativos fixos líquidos (ou capital tangível empregado) foi usada no lugar do *total de ativos* (usado no cálculo ROA) ou de *equity* (usado no cálculo ROE). Aqui, a ideia era entender quanto capital é de fato necessário para conduzir o negócio de uma companhia. O capital operacional líquido foi usado porque a companhia tem de bancar seus recebíveis e seu estoque (então, o excesso de caixa desnecessário para conduzir o negócio foi excluído desse cálculo), mas não tem de demonstrar caixa para seus pagáveis, uma vez que esses são na verdade um empréstimo isento de juros (débitos sujeitos a juros, de curto prazo, foram excluídos dos passivos vigentes, para este cálculo). Além das exigências do capital operacional, a companhia também deve bancar a compra de ativos fixos necessários para conduzir seu negócio, como imóveis, fábricas e equipamento. Assim, o custo líquido depreciado desses ativos fixos foi adicionado às exigências

---

2 Para fins deste estudo e em nome da simplicidade do conteúdo, a suposição foi de que a depreciação e as despesas de amortização (encargos não monetários contra os lucros) são aproximadamente iguais às exigências de manutenção dos gastos de capital (despesas monetárias não taxadas contra os lucros). Portanto, assumimos que o EBITDA – manutenção do capital/despesas = EBIT.

do capital operacional líquido já calculado com intuito de se chegar a uma estimativa do capital tangível empregado.

> Nota: os ativos intangíveis, especialmente as vantagens econômicas, foram excluídos dos cálculos do capital tangível empregado. As vantagens econômicas geralmente resultam da aquisição de outra companhia. O custo de uma aquisição que custa mais do que os ativos tangíveis adquiridos é geralmente delegado a uma conta com as vantagens econômicas. A fim de conduzir negócios futuros, a companhia adquirente em geral tem apenas de substituir os ativos tangíveis, como se fosse uma fábrica com seus equipamentos. As vantagens econômicas são um custo histórico que não tem de ser reposto constantemente. Portanto, na maioria dos casos, apenas o retorno sobre o capital tangível (excluindo as vantagens econômicas) será um reflexo mais preciso do retorno de um negócio sobre o capital no futuro. Os cálculos ROE e ROA, usados por muitos analistas de investimento, portanto, são geralmente distorcidos pelo fato de ignorarem a diferença entre a propriedade *reportada* e os ativos e entre a propriedade *tangível* e os ativos, além das distorções devidas a índices tarifários diferentes e a níveis de débito variados.

2. Resultados de rendimento
Valor EBIT/Empresa

Os resultados de rendimento foram mensurados calculando-se a proporção dos lucros operacionais antes dos impostos (EBIT) para o *valor da empresa* (valor de mercado da *equity*[3] + débito líquido remunerado a juros). Por vários motivos, essa proporção foi usada em lugar das proporções mais comuns P/L (proporção preço/lucro) ou E/P (lucro/preço). A ideia básica por trás do conceito dos resultados de rendimento é simplesmente entender quanto um negócio lucra em relação ao preço de aquisição do negócio.

O valor da empresa foi usado no lugar apenas do *preço* da propriedade (ou seja, a *capitalização total de mercado*, o preço da ação multiplicado pelas ações em circulação), porque o valor da empresa leva em conta tanto o preço pago por uma participação acionária no negócio como o financiamento do débito usado pela companhia para ajudar a gerar lucros operacionais. Ao usar a EBIT (que contempla os lucros operacionais reais antes de despesas com juros e impostos) e comparar esse valor com o da empresa, podemos calcular os resultados do rendimento antes de impostos em relação ao preço cheio de aquisição de um negócio (ou seja, os lucros operacionais antes de impostos com relação ao preço da propriedade mais todo débito assumido). Isso nos permite colocar companhias com diferentes níveis de débito e diferentes índices tarifários em pé de igualdade quando comparamos os resultados de rendimento.

Por exemplo, no caso de um edifício comercial comprado por 1 milhão de dólares com uma hipoteca de 800 mil dólares e 200 mil dólares em participação acionária, o preço da

---

[3] Incluindo participação acionária preferencial.

participação é 200 mil dólares, mas o valor da empresa é 1 milhão de dólares. Se o edifício gera 100 mil dólares de EBIT (lucro antes de juros e impostos), então a EBIT/EV ou o resultado de rendimentos antes de impostos seria de 10% (100 mil/1 milhão). Porém, o uso da dívida pode desvirtuar muito os retornos aparentes oriundos da compra desses mesmos ativos quando se considera somente o preço da participação. Supondo uma taxa de juros de 6% sobre a hipoteca de 800 mil dólares e uma taxa de imposto corporativo de 40%, os resultados de rendimento antes de impostos no nosso preço de aquisição da participação acionária de 200 mil dólares parecem ser de 26%.4 Como os níveis de dívida mudam, os resultados de rendimento da participação acionária antes de impostos continuariam mudando, mas o custo de 1 milhão de dólares do edifício e a EBIT de 100 mil dólares gerada por esse edifício continuariam os mesmos. Em outras palavras, P/L e E/P são fortemente influenciados pelas mudanças nos níveis da dívida e nos índices de impostos, ao passo que a EBIT/EV não é.

---

4 Cem mil dólares em EBIT menos 48 mil dólares em despesas com juros é igual a 52 mil dólares de renda antes dos impostos. Cinquenta e dois mil dividido por 200 mil é igual a 26%. O E/P, ou o resultado de rendimento depois dos impostos, seria de 15,6% (100 mil em EBIT menos 48 mil de juros, menos 20 mil de imposto de renda é igual a 31.200 dólares de renda pós-impostos; 31.200 divididos por 200 mil é igual a 15,6%). Esse retorno de 15,6% seria mais comparável a ter um rendimento EBIT/EV pós-impostos de 6% (ou seja, considerar a EBIT totalmente taxada ou o lucro operacional líquido pós-impostos dividido pelo EV; é importante notar que a EBIT totalmente taxada do valor da empresa em 6% seria a proporção dos resultados de rendimento usada para mensurar as alternativas de investimento × o rendimento do título da dívida de *dez anos do governo, livre de riscos, e não a proporção EBIT/EV de 10%*).

Considere duas companhias, a A e a B. Na realidade, são a mesma companhia (ou seja, as mesmas vendas, os mesmos ganhos operacionais, tudo o mesmo), exceto que a Companhia A não tem dívidas e a B tem uma dívida de 50 dólares (a uma taxa de 10% de juros). Todas as informações são por ação.

	Companhia A	Companhia B
Vendas	100 dólares	100 dólares
EBIT	10	10
Gastos pré-impostos	0	5
Renda pré-impostos	10	5
Impostos (a 40%)	4	2
Renda líquida	6 dólares	3 dólares

O preço da Companhia A é de 60 dólares por ação. O da Companhia B é 10 dólares por ação. Então, qual é mais barata?

Vejamos com calma. A P/L da Companhia A é 10 (60 dólares/6 = 10). A P/ da Companhia B é 3,33 (10 dólares/3). O resultado de rendimentos da Companhia A (E/P) é 10% (6/60), enquanto o da Companhia B é 30% (3/10). Portanto, qual é mais barata? A resposta é óbvia. A Companhia B tem uma P/L de somente 3,33 e um resultado de rendimentos de 30%. Isso parece muito mais barato do que a P/L 10 da Companhia A e seu resultado de rendimentos de apenas 10%. Então, a Companhia B é claramente mais barata, certo?

Espere aí, não tão rápido! Vejamos a EBIT/EV das duas companhias. É a mesma! Para um comprador da companhia toda, faria diferença pagar *10 dólares a ação pela companhia e possuir mais 50 dólares por ação* ou pagar 60 dólares e não possuir nada? É a mesma coisa! *Você estaria comprando o equivalente a 10 dólares de EBIT por 60 dólares do mesmo jeito!**

	Companhia A	Companhia B
Valor da empresa (preço + dívida)	60 + 0 = 60 dólares	10 + 50 = 60 dólares
EBIT	10	10

* Nota: Por exemplo, se você paga 200 mil dólares por um edifício e assume uma hipoteca de 800 mil dólares ou se paga 1 milhão à vista, para você não faz diferença. O edifício custa 1 milhão de todo jeito!

Passeio aleatório

Por muitos anos, os estudiosos debateram se era possível ou não encontrarmos ações a preços irrisórios de outro modo que não por acaso. Essa ideia, às vezes também chamada *passeio aleatório* ou teoria do *mercado eficiente*, sugere que, em sua maior parte, a bolsa de valores é muito eficiente para assimilar todas as informações disponíveis publicamente e definir os preços de suas ações. Quer dizer, por meio da interação de compradores e vendedores informados, o mercado realiza um bom trabalho na precificação de ações a um valor que pode ser considerado "justo". Essa teoria, junto com o fracasso da maioria dos gestores profissionais de bater as médias de mercado no longo prazo,[1] tem levado compreensivelmente a um movimento favorável à *indexação*, que é uma estratégia de custo eficiente projetada para simplesmente corresponder ao retorno do mercado.

Naturalmente, ao longo dos anos, muitos estudos tentaram identificar estratégias que *conseguem* bater o mercado, mas eles têm sido criticados de várias maneiras, entre as quais:

1. O estudo bate o mercado porque os dados usados para escolher as ações não estavam realmente disponíveis aos

---

[1] Tanto antes como depois de custos e despesas administrativos.

investidores no momento em que as escolhas foram feitas (o também chamado *viés à frente*).

2. O estudo sofreu distorção porque a base de dados usados tinha sido "faxinada" e excluiu as companhias que, posteriormente, decretaram falência, o que fez com que os resultados do estudo parecessem melhores do que realmente eram (o também chamado *viés de sobrevivência*).

3. O estudo incluiu companhias muito pequenas que não poderiam ter sido adquiridas pelo preço listado nos bancos de dados e expôs companhias pequenas demais para serem compradas por profissionais.

4. O estudo não teve desempenho melhor do que o do mercado em medida significativa após a fatoração dos custos transacionais.

5. O estudo selecionou ações que de algum modo eram "mais arriscadas" do que o mercado e é por isso que o desempenho foi melhor.

6. A estratégia de escolha de ações foi baseada nos testes históricos de muitas estratégias de escolha de ações até achar um que funcionasse (também conhecida como *prospecção ou mineração de dados*).

7. As estratégias de seleção de ações usadas para bater o mercado incluíam conhecimentos obtidos de estudos anteriores sobre bater o mercado que não estavam disponíveis no momento em que a compra de ações aconteceu no estudo.

Felizmente, o estudo da fórmula mágica não parece ter sofrido de *nenhum* desses problemas. Para a sua concepção, foi usado um banco de dados lançado pelo Standard & Poor's Compustat, chamado "Point in Time". Esse banco de dados contém a exata informação disponível aos clientes do Compustat em cada data testada durante o período do estudo. Esse banco de dados cobre 17 anos, o período escolhido para todo o estudo da fórmula mágica. Usando somente esse banco de dados especial, foi possível assegurar que não ocorreu nenhum viés de prévia ou de sobrevivência.

Além disso, a fórmula mágica funcionou tanto para ações de pequena capitalização como para as de grande capitalização, proporcionou retornos muito superiores às médias de mercado e obteve esses retornos enquanto corria um *risco muito menor* do que o mercado em geral (independentemente de quanto risco fosse mensurado). Em consequência, tamanho pequeno, altos custos transacionais e risco adicional não parecem ser motivos razoáveis para questionar a validade dos resultados da fórmula mágica. Quanto à prospecção de dados e ao uso de pesquisas acadêmicas, indisponíveis no momento da escolha das ações, também não aconteceram. De fato, os dois fatores usados no estudo da fórmula mágica foram os dois primeiros fatores testados. Simplesmente, a combinação de um *alto resultado de rendimentos* com um *alto retorno sobre o capital* formou os dois aspectos que consideramos os mais importantes para analisar uma companhia *antes* que o estudo da fórmula mágica fosse levado a cabo. Em suma, apesar de sua simplicidade óbvia e das objeções de praxe, a fórmula mágica parece realmente funcionar. Funciona bem até mesmo quando comparada a estratégias muito mais sofisticadas, usadas em algumas das melhores pesquisas para bater o mercado, concluídas até o momento.

Entretanto, em certo sentido, o sucesso da estratégia da fórmula mágica não deveria ser uma surpresa. Métodos simples para bater o mercado já são bem conhecidos há algum tempo. Ao longo dos anos, muitos estudos confirmaram que as estratégias *orientadas pelo valor* batem o mercado em horizontes de tempo mais longos. E várias mensurações de valor já demonstraram sua utilidade. Entre essas estratégias, mas não limitadas a elas, estão as que selecionam ações com base em baixas proporções entre preço e valor contábil, preço e lucros, preço e fluxo de caixa, preço e vendas e/ou preço e dividendos. Assim como os resultados encontrados no estudo da fórmula mágica, essas estratégias de valor simples nem sempre funcionam. No entanto, quando são medidas em períodos mais extensos, elas dão certo. Embora essas estratégias tenham sido bem documentadas ao longo de muitos anos, a maioria dos indivíduos e dos investidores profissionais não tem paciência para empregá-las. Aparentemente, os longos períodos de desempenho mais baixo dificultam sua adoção e, para alguns profissionais, fazem com que sejam basicamente impraticáveis.

Outro problema desses métodos simples é que, apesar de funcionarem bem, funcionam muito melhor com ações de capitalização mais baixa e média do que com as de capitalização mais alta. Isso também não deveria surpreender. As companhias que são pequenas demais para profissionais comprarem e que não são grandes o bastante para gerar rendimentos de comissão suficientes para justificar a cobertura de analistas são mais propensas a ser ignoradas ou mal compreendidas. Como resultado, são mais passíveis de oferecer oportunidades para que se encontrem ações a preços irrisórios. Foi esse o caso no estudo da fórmula mágica, que atingiu seu máximo desempenho com as ações de menor capitalização estudadas.

No entanto, não é razoável atribuir esse bom desempenho a um efeito de baixa capitalização porque essas ações não tiveram um melhor desempenho apreciável em relação às de alta capitalização durante o período do estudo. Quando dividimos nosso universo de ações em decis pela capitalização de mercado durante os 17 anos do estudo, os 10% das ações menores forneceram retornos de 12,1%, ao passo que os 10% das ações maiores retornaram 11,9%. Os decis seguintes foram bem parecidos: 12,2% para o decil menor seguinte, e 11,9% para o maior decil seguinte.

Contudo, a questão toda de se as ações de pequena capitalização têm melhor desempenho do que as de alta capitalização não é tão relevante. Parece claro que há uma oportunidade maior de se achar uma pechincha (e, inclusive, ações supervalorizadas) no universo da pequena capitalização porque há mais ações dentre as quais escolher e também porque as ações menores têm mais chance de ser analisadas superficialmente e, nessa medida, de ser mal precificadas. De certa forma, é apenas mais fácil para métodos simples como análises preço/valor contábil e a fórmula mágica acharem ações a preços irrisórios dentre as de menor capitalização.

Porém, o que faz a fórmula mágica se distanciar dos estudos prévios sobre como bater o mercado, sejam esses simples ou sofisticados, é o fato de que para as ações maiores (com capitalização superior a 1 bilhão de dólares) os resultados da fórmula mágica permanecem incrivelmente robustos. Outros métodos não se comportam igualmente bem. Por exemplo, durante nosso período de estudo, a medida mais amplamente usada para identificar ações de valor e crescimento, o preço em relação ao valor contábil, não discriminou de maneira especialmente nítida os ganhadores dos perdedores no caso dessas ações maiores. O decil de melhor classificação para ações de baixo preço/valor contábil (os 10% mais baratos) bateu o decil de pior classificação das ações de preço/valor contábil mais alto (os 10% mais caros) por apenas 2% ao ano.[2]

Em comparação, a estratégia da fórmula mágica se saiu muito melhor. O decil mais bem classificado das ações da fórmula mágica (os 10% mais baratos) bate o decil de pior classificação (os 10% mais caros) por mais de 14% ao ano em média, durante os 17 anos do estudo. O melhor decil teve um retorno de 18,88%; o pior, 4,66%, e a média de mercado para esse universo de mais de 1 bilhão de dólares de ações foi de 11,7%. Na verdade, isso não surpreende.

---

[2] Isso quer dizer 13,72% para o decil mais baixo de preço/valor contábil contra 11,51% para o decil de preço/valor contábil mais alto. A média de mercado para esse grupo foi de 11,64%.

Embora um preço baixo em relação ao custo histórico de ativos possa ser um *indicativo* de que a ação é barata, um alto *lucro* com relação ao preço e ao custo histórico dos ativos é uma medida muito mais direta do pouco custo e *deve* funcionar melhor. Claro que esses dois fatores são aqueles que usamos no estudo da fórmula mágica.

Um dos estudos mais significativos sobre o tema, realizado por Joseph Piotroski, da Universidade de Chicago,[3] levou a análise do preço/valor contábil um passo adiante. Piotroski observou que, enquanto as ações de baixo preço/valor contábil batem o mercado em média, menos da metade das ações escolhidas conforme essa estratégia realmente atingia desempenho superior ao do mercado. Usando métricas contábeis simples e prontamente disponíveis, Piotroski se perguntou se poderia aprimorar os resultados de uma estratégia genérica de preço/valor contábil. Piotroski classificou o quintil superior das ações de baixo preço/valor contábil (ou seja, os 20% mais baratos) usando nove medidas diferentes de saúde financeira. Entre essas estavam medidas de lucratividade, eficiência operacional e robustez do balanço. Os resultados do estudo de 21 anos foram espetaculares, com uma exceção.

Para as ações maiores, na realidade, não funcionou. Em termos do terço de ações maiores pela capitalização de mercado,[4] as ações no topo da classificação de nove pontos de Piotroski não tiveram um desempenho significativamente melhor do que as de preço/valor contábil médio baixo.[5] Isso tampouco surpreende.

---

3 Piotroski, J. "Value Investing: The Use of Historical Financial Statements to Separate Winners from Losers", *Journal of Accounting Research*, vol. 38, suplemento, 2000.

4 Isto é equivalente ao estudo da fórmula mágica sobre ações com capitalização de mercado maior do que aproximadamente 700 milhões de dólares.

5 Embora as ações de "mais baixa" classificação dentre as de grande capitalização tenham tido mau desempenho em relação a outras ações de baixo preço/valo contábil, o sistema de Piotroski selecionou um total de somente 34 ações de baixa classificação em mais de 21 anos.

Como já foi mencionado, é simplesmente mais fácil achar ações erroneamente precificadas dentre as de capitalização mais baixa ou média.

Porém, essa relativa incapacidade dos métodos para bater o mercado com ações de capitalização mais ata não é uma exclusividade. Até mesmo estratégias sofisticadas para bater o mercado, enquanto exibem resultados excelentes no geral, não se comportam tão bem quanto a fórmula mágica em sua relativa simplicidade no universo da alta capitalização.[6]

Por exemplo, um dos melhores trabalhos realizados até o momento foi concluído por Robert Haugem e Nardin Baker.[7] O professor Haugen realmente abriu uma consultoria de negócios com base nos excelentes resultados alcançados com seu artigo inovador. Essencialmente, em vez dos dois fatores usados na estratégia da fórmula mágica, Haugen desenvolveu um modelo sofisticado utilizando 71 fatores que, supostamente, ajudam a predizer como as ações se comportarão no futuro. Esses 71 fatores avaliam as ações com base em "risco, liquidez, estrutura financeira, lucratividade, histórico de preços e estimativas de análise". Com base numa complicada ponderação de todos esses variados fatores, o modelo de Haugen prevê o retorno futuro de cada ação. Os "retornos históricos esperados" para o universo de mais de 3 mil ações avaliado pelo modelo de Haugen foram postados em seu site, abrangendo o período de fevereiro de 1994 a novembro de 2004. Decidimos testar o modelo de Haugen para verificar se funcionaria para ações de alta capitalização (aquelas com capitalização de mercado superior a 1 bilhão de dólares em 2004).

Funcionou. Os resultados foram de fato espetaculares. Ao longo desse período de mais de dez anos, a média de mercado para o

---

6 Ou no universo da baixa capitalização.

7 Haugen, R., e N. Baker, "Commonality in the Determinants of Expected Stock Returns", *Journal of Financial Economics*, verão, 1996.

universo testado de alta capitalização teve retorno de 9,38%, mas comprar as ações de melhor classificação (decil mais bem classificado) com base no modelo de 71 fatores de Haugen gerou um retorno de +22,98%. As ações de mais baixa classificação (o decil pior classificado) realmente perderam 6,91%. Isso representa um *spread* de quase 30% entre a melhor e a pior! O cenário presumia que as ações fossem mantidas por apenas um mês e depois reclassificadas ao final desses trinta dias. Naturalmente, embora esses fossem ótimos resultados, a fórmula mágica se saiu ainda melhor!

Ao longo do mesmo período superior a dez anos, as ações de classificação mais alta (o decil mais bem classificado) com base no modelo bifatorial da fórmula mágica tiveram um retorno de +24,25%. As ações de pior classificação (o decil mais baixo) *perderam* 7,91%. Isso representa um *spread* de 32% entre a melhor e a pior! Apesar de os resultados da estratégia da fórmula mágica serem um pouco melhores (e mais fáceis de serem alcançados) do que os resultados do modelo de 71 fatores usado por Haugen, o desempenho de ambos os métodos foi excelente e bastante comparável. Mas há um porém. A maioria das pessoas não investe (e nem deveria) comprando ações e mantendo-as por um mês apenas. Além da grande quantidade de tempo, dos custos da transação e das despesas tarifárias envolvidas, essa é, no fundo, uma estratégia de *negociação* e não, de fato, uma estratégia prática de investimento no longo prazo. Então, tentamos entender o que aconteceria se mudássemos nosso teste e mantivéssemos cada carteira por um ano?[8]

Na realidade, ocorreu uma coisa muito interessante. O modelo de 71 fatores de Haugen ainda se saiu bem: o decil de melhor classificação teve retorno de +12,55% (*versus* o de 9,38% do mercado) e o decil mais baixo teve retorno de +6,92%. E o *spread* entre a

---

[8] As carteiras foram compradas mensalmente, durante o período de dez anos, e cada uma foi mantida por um ano, de modo que 120 carteiras separadas foram testadas em cada estratégia.

alta e a baixa caiu para 5,63%. Se não tivéssemos visto apenas os retornos mensais, isso ainda pareceria bem bom. Mas o que acontece com a fórmula mágica? O decil mais bem classificado tem retorno de +18,43% e o de pior classificação, de +1,49% – ou seja, um *spread* de quase 17% entre o melhor e o pior! Isso é muito bom, qualquer que seja seu ponto de vista para análise. E há mais uma coisa interessante. O pior retorno nesses mais de dez anos com a aplicação da estratégia de Haugen para 36 meses diretos (com giro anual) foi de −43,1%. O pior período de 36 meses para a fórmula mágica foi de +14,3%. E tem mais: como a fórmula mágica usou 69 fatores a menos e muito menos cálculos![9]

Então, a questão é esta: parece que a fórmula mágica tem um desempenho muito bom. Penso e espero que continue a ter um bom desempenho no futuro. E também espero que, como disse Mark Twain habilmente sobre o golfe como "um bom passeio perdido", talvez um dia o passeio aleatório seja enfim considerado perdido também.[10]

---

9 O professor Haugen não sugere a compra de suas ações classificadas entre os 10% mais altos de uma carteira, nem que se mantenham as ações durante um ano. Além disso, as perdas do pior retorno para o período de 36 meses para a carteira "top 10%" teórica de Haugen foram similares às perdas do mercado como um todo nesse período. As estatísticas listadas foram compiladas para fins de comparação com a carteira da fórmula mágica usando apenas aquelas ações incluídas tanto no modelo de Haugen como na fórmula mágica do universo de mais de 1 bilhão de dólares.

10 Pensando bem, a quem quero enganar? Espero que dure para sempre!